Langenscheidt

Italienische Grammatik – kurz und schmerzlos

Langenscheidt

Italienische Grammatik – kurz und schmerzlos

Von Maria Balì

Langenscheidt

Berlin · München · Wien · Zürich · New York

Erläuterung der Sonderzeichen:

= Tipp

= Hilfe

= Achtung

I D = Unterschiedliche Regel bzw. unterschiedlicher Gebrauch im Italienischen und im Deutschen

Umwelthinweis: gedruckt auf chlorfrei gebleichtem Papier

Umschlaggestaltung: Independent Medien-Design
Zeichnungen im Innenteil: Marlene Pohle, Stuttgart
Lektorat: Paola Bernabei-Dangelmaier, Roberta Costantino, Barbara Holle, Maria Anna Söllner

Druck: Druckhaus Langenscheidt, Berlin
Printed in Germany
ISBN 3-468-34947-5
www.langenscheidt.de

3. 4. 5. 6. 7. 07 06 05 04 03

Inhalt

Vorwort

Italienische Grammatik kann Spaß machen – das will Ihnen dieses Buch zeigen. So kurz und schmerzlos wie möglich werden Sie in die wichtigsten Gebiete der italienischen Grammatik eingeführt. Deshalb ist es gar nicht erst Ziel des Buches, erschöpfend zu sein, denn das wäre höchstens für Sie erschöpfend.

Neu an der Konzeption dieser Grammatik ist der kommunikative Ansatz. Das heißt: Nicht die Regeln stehen im Vordergrund, sondern die Funktion der Sprache im Rahmen der Kommunikation: »**Was** teilt mir der Gesprächspartner **wie** mit?«.

Dieses kleine Sprachtraining ist praxisbezogen, leicht verständlich und von unterhaltsamem Charakter, sodass Ihnen das Lernen nicht schwer fallen wird. Denn: Je interessanter oder ausgefallener die Situationen, desto leichter lassen sich die Regeln merken.

Um Ihnen das Lernen zu erleichtern, haben wir auch die Beispiele ins Deutsche übersetzt. Auf anschauliche Weise werden durch sie die grammatikalischen Regeln belegt, damit diese sich besser einprägen. Zur späteren Wiederholung oder Auffrischung können Sie dann die »Frosch-Technik« anwenden, indem Sie einfach von Regel zu Regel hüpfen.

Nehmen Sie sich besser nicht vor, das ganze Buch auf einmal zu verschlingen – das wäre trotz der lockeren Darbietungsform ein zu großer Brocken, der Ihnen schwer im Magen liegen und so Ihre Motivation beeinträchtigen könnte. Versuchen Sie lieber, jeweils einen der kleinen appetitlichen Happen voll auszukosten – so kommen Sie sicher und ohne Verdauungsbeschwerden ans Ziel.

Wir wünschen Ihnen dabei viel Spaß und Erfolg!

Autorin und Verlag

1 Das Substantiv oder Personen und Gegenstände benennen

Blatt [Papier] oder Blatt [vom Baum]? Hals oder Klebstoff? Hafen oder Tür?

Die Dinge beim richtigen Namen nennen – darauf kommt es nicht nur bei einem Kreuzworträtsel an. Und dafür gibt es in jeder Sprache Substantive (Hauptwörter).

I D Bestimmt ist Ihnen aufgefallen, dass im Italienischen, anders als im Deutschen, die Substantive meist klein geschrieben werden. Dennoch wird ein »kleiner **bambino**« nicht weniger geachtet als ein »großes Kind«.

1.1 Geschlecht und Endungen von Substantiven oder *Maskulin oder feminin?*

Maskulin oder feminin? Das lässt sich im Italienischen leichter erkennen als im Deutschen. Erstens gibt es kein Neutrum – die Substantive sind entweder maskulin oder feminin – und zweitens weist die Wortendung in der Regel auf das Geschlecht hin. Bei Substantiven, die Lebewesen bezeichnen, stimmt das grammatische Geschlecht (Genus) normalerweise mit dem natürlichen Geschlecht überein.

In den meisten Fällen lautet die männliche Endung ***-o***, die weibliche ***-a***:

Maskulin		Feminin	
il bambin**o**	*das Kind/der Junge*	la bambin**a**	*das Kind/das Mädchen*
l'uom**o**	*der Mann*	la donn**a**	*die Frau*

Viele Substantive (meist auf ***-ante, -ente, -ese, -ista*** oder ***-ega***) haben für beide Geschlechter nur eine Form. In diesem Fall weist der Artikel auf das Geschlecht hin:

il/la cant**ante**	*der Sänger/die Sängerin*
il/la giornal**ista**	*der Journalist/die Journalistin*

Einige Personenbezeichnungen, die auf ***-e*** enden, bilden die weibliche Form auf ***-essa***:

lo student**e**	*der Student*	la student**essa**	*die Studentin*

Substantive auf ***-tore*** bilden die weibliche Form in der Regel auf ***-trice***:

l'at**tore**	*der Schauspieler*	l'at**trice**	*die Schauspielerin*

Nur die Familienmitglieder haben völlig verschiedene Formen:

il padre	*der Vater*	la madre	*die Mutter*
il fratello	*der Bruder*	la sorella	*die Schwester*
il marito	*der Ehemann*	la moglie	*die Ehefrau*

Bei den übrigen Substantiven (Gegenstände, Sachbezeichnungen usw.) hilft, wie bereits gesagt, die Endung weiter. Allgemein gilt die folgende Regel:

Substantive auf ***-o*** sind maskulin:

*l'ombrell**o***	*der Regenschirm*		
Ausnahmen:			
la mano	*die Hand*	*la foto*	*das Foto*
la radio	*das Radio*	*la moto*	*das Motorrad*

Substantive auf ***-a*** sind feminin:

*la bottigli**a***	*die Flasche*		
Ausnahmen:			
il problema	*das Problem*	*il panorama*	*das Panorama*
il tema	*das Thema*	*il programma*	*das Programm*

Substantive auf ***-e*** können sowohl maskulin als auch feminin sein:

Maskulin		Feminin	
*il can**e***	*der Hund*	*la chiav**e***	*der Schlüssel*

In diesem Fall empfiehlt es sich, das Wort gleich mit dem zugehörigen Artikel zu lernen.

Hier noch eine weitere Hilfe für die Bestimmung des Geschlechts:
- Substantive auf ***-i*** sind in der Regel weiblich *(la cris**i**/die Krise)*
- Substantive, die auf Konsonanten enden, sind in der Regel männlich *(il ba**r**/die Bar)*

ÜBUNG 1*

Setzen Sie die folgenden Substantive in die richtige Spalte ein.

Problema, foto, bar, caffè, vino, cantante, crisi, studente, attrice, libro, film, radio, giornale, programma, fratello, amica, panorama, tesi, chiave, collega, mano

Maskulin	Feminin
___	___
___	___
___	___
___	___
___	___
___	___
___	___
___	___
___	___
___	___
___	___
___	___

* Die Lösungen zu den Übungen finden Sie im Anhang (siehe Seite 156ff.).
Hoch gestellte Ziffern in den Übungen verweisen auf Erklärungen zum Vokabular jeweils am Ende der Übungen.

1.2 Der Plural
oder *Substantive in die Mehrzahl setzen*

due patate, tre carote, quattro pomodori …
zwei Kartoffeln, drei Karotten, vier Tomaten …

Möchten Sie auch in die Geheimnisse der italienischen Küche eingeweiht werden? Gut, dann sollten Sie zunächst lernen, den Plural eines Wortes zu erkennen bzw. zu bilden, ansonsten kann es mit den richtigen Mengen schief gehen!

Der Plural der Substantive wird gebildet, indem man den Artikel und die Endung des Substantivs ändert. Dazu gibt es eine relativ einfache Regel:

Substantive auf ***-o*** bilden in der Regel den Plural auf ***-i***:

*il cappell**o***	*i cappell**i***	*der Hut/die Hüte*

Substantive auf ***-a*** bilden in der Regel den Plural auf ***-e***:

*la pagi**na***	*le pagi**ne***	*die Seite/die Seiten*

Substantive auf ***-e*** bilden in der Regel den Plural auf ***-i*** (unabhängig vom Geschlecht):

*il can**e** (m.)/i can**i***	*der Hund/die Hunde*
*la chiav**e** (f.)/le chiav**i***	*der Schlüssel/die Schlüssel*

! Sonderformen:

Männliche Substantive auf ***-a*** bilden den Plural auf ***-i***:

*il problem**a**/i problem**i***	*das Problem/die Probleme*

Weibliche Formen auf ***-i*** sowie Substantive, die auf Konsonanten enden, bleiben im Plural unverändert:

la crisi/le crisi	*die Krise/die Krisen*
il bar/i bar	*die Bar/die Bars*

Unverändert bleiben auch Substantive mit betontem Endvokal ***(à, è, ì, ò, ù)***:

il caffè/i caffè	*der Kaffee/die Kaffees*
la città/le città	*die Stadt/die Städte*

Substantive auf ***-io*** haben, wenn das ***i*** unbetont ist, im Plural nur ein ***-i***:

*il negoz**io**/i negoz**i***	*der Laden/die Läden*

Bei betontem ***i*** wird der Plural regelmäßig gebildet: ***-ii***

*lo z**io**/gli z**ii***	*der Onkel/die Onkel, Tante und Onkel*

Substantive auf ***-ca*** oder ***-ga*** bilden den Plural auf ***-che*** und ***-ghe****:

*l'ami**ca**/le ami**che***	*die Freundin/die Freundinnen*

Substantive auf ***-co*** und ***-go***, die auf der vorletzten Silbe betont werden, bilden den Plural auf ***-chi*** und ***-ghi****:

*l'alber**go**/gli alber**ghi***	*das Hotel/die Hotels*

! Achten Sie jedoch auf die Ausnahmen, bei denen sich die Aussprache verändert: [k] → [tsch]

*l'ami**co**/gli ami**ci***	*der Freund/die Freunde*

Substantive auf ***-co*** und ***-go***, die auf der drittletzten Silbe betont werden, sind davon ausgenommen, z. B.:

*il medi**co**/i medi**ci***	*der Arzt/die Ärzte*

Auch hier sind Ausnahmen möglich. Deshalb empfiehlt es sich, bei den Substantiven, die auf ***-co*** und ***-go*** enden, den Plural auswendig zu lernen.

Bei Substantiven auf ***-cia*** oder ***-gia*** bleibt das ***i*** im Plural nur erhalten, wenn den Singularendungen ein Vokal vorangeht:

*la cami**cia**/le cami**cie***	*das Hemd/die Hemden*
*l'aran**cia**/le aran**ce***	*die Orange/die Orangen*

Und jetzt noch ein kleines Gedächtnistraining! Der Plural folgender Substantive ist unregelmäßig, deshalb bleibt Ihnen nichts anderes übrig, als sie laufend zu wiederholen – vielleicht unter der Dusche oder im Bus!

* Durch Einfügen des ***h*** bleibt die Aussprache [k] bzw. [g] erhalten.

l'uomo/gli uomini	*der Mann/die Männer*
la mano/le mani	*die Hand/die Hände*
il ginocchio/le ginocchia	*das Knie/die Knie*
l'orecchio/le orecchie	*das Ohr/die Ohren*
il dito/le dita	*der Finger/die Finger*
il braccio/le braccia	*der Arm/die Arme*
il labbro/le labbra	*die Lippe/die Lippen*
l'uovo/le uova	*das Ei/die Eier*

I D Folgende Substantive stehen im Italienischen, anders als im Deutschen, immer in der Mehrzahl:

i pantaloni	*die Hose*	*le forbici*	*die Schere*
gli occhiali	*die Brille*	*gli spiccioli*	*das Kleingeld*
i soldi	*das Geld*	*gli spinaci*	*der Spinat*

Und umgekehrt:

la gente	*die Leute*

ÜBUNG 2 **Bilden Sie den Plural folgender Substantive.**

Singular	Plural
caffè	__________
nave	__________
patata	__________
arancia	__________
formaggio	__________
crisi	__________
problema	__________
amico	__________
banca	__________

1.3 Der Artikel
oder *Personen und Gegenstände bestimmen*

Ein Substantiv kann nicht alleine stehen! Es wird meist von einem Artikel begleitet, und zwar von einem bestimmten (deutsch *der, die, das*) oder einem unbestimmten Artikel (deutsch *einer, eine, ein*).

1.3.1 Der bestimmte Artikel
oder *Der, die, das*

Fangen wir mit dem bestimmten Artikel an. Wie bereits erwähnt, gibt es im Italienischen kein Neutrum. Hier ist also eine Form weniger als im Deutschen zu lernen. Außerdem ist es relativ einfach zu verstehen, wann wir welchen Artikel nehmen. Denn welche Form wir verwenden, hängt vom Geschlecht (maskulin, feminin) und vom Anfangsbuchstaben des Substantivs ab. Nachdem Sie also festgestellt haben, ob ein Substantiv maskulin oder feminin ist (und das können Sie meistens mit Hilfe der Endung), schauen Sie auf den ersten Buchstaben des Wortes.

Hier nun die verschiedenen Formen des bestimmten Artikels:

	Singular		Plural
Maskulin	***il*** (vor Konsonanten)		***i***
	il l*ibro*	*das Buch*	***i l****ibri*
	lo (vor s + Konsonant, z, x, y, ps, gn)		***gli***
	lo st*udente*	*der Student*	***gli st****udenti*
	l' (vor Vokal)		***gli***
	l'o*mbrello*	*der Regenschirm*	***gli o****mbrelli*
Feminin	***la***		***le***
	la *mamma*	*die Mutter*	***le*** *mamme*
	l' (vor Vokal)		***le***
	l'a*ranciata*	*die Orangenlimonade*	***le a****ranciate*

Alles klar? Dann üben wir das gleich einmal.

ÜBUNG 3 **Versehen Sie die folgenden Wörter mit dem jeweils passenden bestimmten Artikel.**

______ *studente*	______ *zucchero*	______ *spumante*
______ *sorella*	______ *formaggi*	______ *giornale*
______ *opere*	______ *bambino*	______ *chiavi*
______ *amica*	______ *mano*	______ *signora*
______ *amici*	______ *spaghetti*	______ *ingegneri*

Der Gebrauch des bestimmten Artikels
Die nächste Frage ist, wann man im Italienischen den bestimmten Artikel verwendet. Hier gibt es zwar keine großen Unterschiede zum Deutschen, aber doch immerhin ein paar.

(I)(D) Anders als im Deutschen steht im Italienischen der bestimmte Artikel bei:

- Anreden und Titeln

*Chi è **la** signora Marini?*	*Wer ist Frau Marini?*

! Vorsicht: Spricht man die Person direkt an, dann verwendet man auch im Italienischen keinen Artikel:

Buon giorno, signora Marini.	*Guten Tag, Frau Marini.*

- einigen geographischen Bezeichnungen (Kontinente, Länder, Regionen)

***L'**India è un paese interessante.*	*Indien ist ein interessantes Land.*

- Farben

*Mi piace **il** rosso.*	*Ich mag Rot.*

- Körperteilen

*Franco ha **i** capelli neri.*	*Franco hat schwarze Haare.*

- Krankheiten

*Ho **la** febbre.*	*Ich habe Fieber.*

- Musikinstrumenten und Tänzen

*Mi piace **il** violino.*	*Geige höre ich gern.*

- Uhrzeiten

*Sono **le** sette e venti.*	*Es ist zwanzig nach sieben.*

- Possessivpronomen (siehe 2.3)

*Questa è **la** mia casa.*	*Das ist mein Haus.*

- Datumsangaben

*Sono nata **il** 21 gennaio.*	*Ich bin am 21. Januar geboren.*

! Aber Vorsicht! In Briefen steht kein Artikel vor dem Datum.

Roma, 21 gennaio 2001	*Rom, den 21. Januar 2001*

Bei Wochentagen wird der bestimmte Artikel nur verwendet, wenn eine Regelmäßigkeit ausgedrückt werden soll:

***Il** martedì non lavoro.*	*Dienstags arbeite ich nicht.*

1.3.2 Der unbestimmte Artikel oder *Einer, eine, ein*

Una penna, un telefonino, un'agenda, uno specchio, un orecchino …
Ein Stift, ein Handy, ein Kalender, ein Spiegel, ein Ohrring …

Genau wie beim bestimmten Artikel hängen die Formen des unbestimmten Artikels jeweils vom Geschlecht und vom Anfangsbuchstaben des Wortes ab, das sie begleiten.

Hier die Formen:

Maskulin	***un*** (vor Konsonanten und Vokalen)	
	***un l**ibro*	*ein Buch*
	***un u**omo*	*ein Mann*
	uno (vor s + Konsonant, z, x, y, gn, ps)	
	***uno sp**umante*	*ein Sekt*

Feminin	***una*** (vor Konsonanten)	
	***una c**asa*	*ein Haus*
	un' (vor Vokalen)	
	***un'a**mica*	*eine Freundin*

Der unbestimmte Artikel hat keine eigene Pluralform. Die Mehrzahl von etwas Unbestimmtem können Sie aber durch die Präposition ***di*** + bestimmter Artikel ausdrücken (siehe 15.4).

ÜBUNG 4 **Ergänzen Sie die Sätze mit dem passenden unbestimmten Artikel.**

1. *Roma è veramente ____________ bellissima città.*
2. *L'italiano non è ____________ lingua difficile.*
3. *Da bere vorrei ____________ spumante e ____________ aranciata.*
4. *Laura è ____________ amica di Maria.*
5. *Hai visto? Ho ____________ orologio nuovo!*
6. *Complimenti! Avete ____________ casa bellissima.*

2 Die Pronomen
oder
Ich, die anderen und meine Umwelt

Nicht einfach, den Täter zu finden. Da helfen die Pronomen auch nicht weiter! Aber Ihnen helfen sie, wenn Sie beim Reden nicht immer dasselbe Wort wiederholen möchten. Denn Pronomen – oder Fürwörter – sind kleine Wörter, die für andere Wörter stehen.

2.1 Die Personalpronomen oder *Er, ihn und ihm*

Man unterscheidet im Italienischen zwischen Subjektpronomen (auf die Frage »**wer?**«) und betonten und unbetonten Objektpronomen (Akkusativ, auf die Fragen »**was?**«, »**wen?**«, oder Dativ, auf die Frage »**wem?**«).

2.1.1 Die Subjektpronomen oder *Ich, du und alle anderen*

Singular		Plural	
io	*ich*	***noi***	*wir*
tu	*du*	***voi***	*ihr, Sie*
lui	*er*	***loro***	*sie, Sie*
lei	*sie*		
Lei	*Sie* (Höflichkeitsform im Singular)		

I D Der wichtigste Unterschied zwischen dem Deutschen und dem Italienischen besteht darin, dass die Subjektpronomen im Italienischen meistens weggelassen werden. Praktisch, nicht wahr? Sie werden lediglich dann verwendet, wenn hervorgehoben werden soll, welche Person gemeint ist (z. B. bei Gegenüberstellungen oder Unklarheiten).

Sono la ragazza di Alessandro.	*Ich bin Alessandros Freundin.*
Io *sono la ragazza di Alessandro e non* ***lei****!*	*Ich bin Alessandros Freundin und nicht sie.*

Wenn Sie sich die Tabelle noch einmal genau anschauen, wird Ihnen bestimmt auffallen, dass das ***es*** fehlt. Das liegt, wie schon erwähnt, daran, dass es im Italienischen kein Neutrum gibt.
Die Höflichkeitsform im Singular (maskulin und feminin) ist mit dem weiblichen Subjektpronomen identisch. Der einzige Unterschied besteht darin, dass die Höflichkeitsform groß geschrieben wird (auch wenn das heutzutage immer weniger gebräuchlich ist).

Wendet man sich an mehrere Personen in der Höflichkeitsform, gebraucht man meist die Form ***voi*** (ihr) und nur sehr selten das veraltete ***loro*** (sie).

Folgende Beispiele helfen Ihnen vielleicht, das besser zu verstehen:

Lei *ha prenotato?*	*Haben* ***Sie*** *reserviert?*
Hai invitato anche ***lei****?*	*Hast du* ***sie*** *auch eingeladen?*
Voi *non siete di qui, vero?*	*Ihr seid nicht von hier, oder?* *oder auch:* ***Sie*** *sind nicht von hier, oder?*
Loro *desiderano qualcosa?*	*Möchten* ***Sie*** *etwas?*

2.1.2 Die Objektpronomen oder *Es oder ihn?*

2.1.2.1 Die unbetonten Objektpronomen oder *Mir oder mich?*

Die direkten und die indirekten Objektpronomen unterscheiden sich nur in der 3. Person Singular und Plural:

Direkte Objektpronomen		Indirekte Objektpronomen	
mi	*mich*	***mi***	*mir*
ti	*dich*	***ti***	*dir*
lo	*ihn, es*	***gli***	*ihm*
la/La	*sie/Sie*	***le/Le***	*ihr/Ihnen*
ci	*uns*	***ci***	*uns*
vi	*euch/Sie*	***vi***	*euch/Ihnen*
li	*sie* (Mask. Pl.)	***gli, loro***	*ihnen, Ihnen*
le	*sie* (Fem. Pl.)		

Die Pluralformen ***gli/loro*** der indirekten Objektpronomen gelten für beide Geschlechter. ***Loro*** wird fast nur in der geschriebenen Sprache verwendet.

2.1.2.2 Die Stellung der unbetonten Objektpronomen oder *Wohin mit den Pronomen?*

I D Wohin nun aber mit den Pronomen? Anders als im Deutschen stehen die unbetonten Objektpronomen – mit Ausnahme von ***loro*** – vor dem Verb:

Conosci Franca? *– Sì,* ***la*** *conosco.* ***Gli*** *presto* (aber: *presto* ***loro***) *la mia macchina.*	*Kennst du Franca?* *– Ja, ich kenne sie.* *Ich leihe Ihnen mein Auto.*

Beim verneinten Satz stehen die unbetonten Objektpronomen zwischen ***non*** und dem Verb:

Non ***lo*** *bevo volentieri.*	*Ich trinke es/ihn nicht gerne.*

Die unbetonten Objektpronomen werden angehängt:

- an den Infinitiv, der dabei seinen Endvokal verliert

*Bisogna cambiar**lo**.*	*Man muss es/ihn umtauschen.*

- an den Imperativ der Du- und Ihr-Form

*Mangia**la**!*	*Iss sie!*	*Prendete**li**!*	*Nehmt sie!*

Die Objektpronomen können in folgenden Fällen sowohl vorangestellt als auch angehängt werden:

- bei ***potere/dovere/sapere/volere*** + Infinitiv

*Posso prender**lo**?/* ***Lo*** *posso prendere?*	*Darf ich es nehmen?*

- beim verneinten Imperativ in der Du-Form

*Non legger**lo**!/Non* ***lo*** *leggere!*	*Lies es nicht!*

2.1.2.3 Verben mit direktem bzw. indirektem Objekt oder *Ich frage dich und du hilfst mir*

I D Einigen italienischen Verben mit direktem Objekt entsprechen im Deutschen Verben mit indirektem Objekt und umgekehrt. Hier die wichtigsten:

Im Italienischen mit Akkusativ		Im Deutschen mit Dativ	
aiutare	*Io **La** aiuto.*	*helfen*	*Ich helfe Ihnen.*
ascoltare	*Carla **lo** ascolta.*	*zuhören*	*Carla hört ihm zu.*
ringraziare	***La** ringrazio.*	*danken*	*Ich danke Ihnen.*
seguire	***Lo** seguo.*	*folgen*	*Ich folge ihm.*

Im Italienischen mit Dativ		Im Deutschen mit Akkusativ	
chiedere a	***Le** chiedo una cosa.*	*fragen*	*Ich frage Sie etwas.*
domandare a	*Lui **le** domanda l'ora.*	*fragen*	*Er fragt sie nach der Uhrzeit.*
telefonare a	***Gli** telefono io.*	*anrufen*	*Ich rufe ihn an.*

ÜBUNG 5 **Ersetzen Sie die unterstrichenen Wörter durch die passenden Objektpronomen.**

1. *Conosci Marco e Piero?* *Sì, ________ conosco.*
2. *Telefoni tu a Luisa?* *Sì, ________ telefono io.*
3. *Prendi tu le scarpe?* *Sì, ________ prendo io.*
4. *Cosa regaliamo a Paolo?* *________ regaliamo un compact disc.*
5. *Aiuti tu la mamma?* *Sì, ________ aiuto io.*
6. *Bevi un caffè?* *Sì, ________ bevo volentieri.*

2.1.2.4 Pronominaladverbien *ci* und *ne* oder *Dorthin, davon...*

Ci und ***ne***... klein, aber wichtig! Diese zwei Wörter kommen nämlich so oft vor! Beide erfüllen verschiedene Funktionen, schauen wir uns die wichtigsten an:

- ***ci*** *(dorthin, dort)* kann für einen bereits genannten Ort stehen:

Vai in banca? *Gehst du in die Bank?*	*Sì,* ***ci*** *vado oggi pomeriggio.* *Ja, ich gehe heute Nachmittag hin.*

- ***ci*** kann auch Ergänzungen ersetzen, die durch die Präposition ***a*** eingeleitet werden:

Pensi ancora a Marco? *Denkst du noch an Marco?*	*Sì,* ***ci*** *penso ancora.* *Ja, ich denke noch* ***an ihn****.*

- ***ne*** hat sehr oft eine partitive Funktion und wird mit »davon« oder oft auch gar nicht übersetzt:

Ne *(p.es. di mele) prendo due chili.*	*Ich nehme zwei Kilo (****davon****).* *(z. B. von den Äpfeln)*

- ***ne*** kann auch Ausdrücke ersetzen, die durch die Präposition ***di*** eingeleitet werden.

Parli mai di politica? *Redest du mal über Politik?*	*Sì,* ***ne*** *parlo spesso.* *Ja, ich rede oft* ***darüber****.*

2.1.2.5 Kombinationen unbetonter Objektpronomen
<u>oder</u> ***Ich gebe es dir, er gibt ihn ihr ...***

Ich möchte mit Frau Marini sprechen, bitte. – Ja, ich gebe sie Ihnen sofort.

Ich gebe **es dir**, er gibt **ihn ihr**, wir machen **es ihnen** ... nicht einfach, all diese Pronomen! Im Italienischen ist es jedoch genau andersherum, d. h. das indirekte Objektpronomen (Dativ) steht vor dem direkten Objektpronomen (Akkusativ): ***te lo*** (es dir), ***ve li*** (sie euch) usw. Aber keine Angst, das ist alles nur eine Frage der Übung.

Trifft ein Dativ- oder ein Reflexivpronomen im Satz mit einem Akkusativpronomen bzw. dem Pronominaladverb ***ne*** (siehe 2.1.2.5) zusammen, so ergeben sich folgende Kombinationen:

	lo	***la***	***li***	***le***	***ne***
mi	*me lo*	*me la*	*me li*	*me le*	*me ne*
ti	*te lo*	*te la*	*te li*	*te le*	*te ne*
gli / ***le*** / ***Le***	*glielo*	*gliela*	*glieli*	*gliele*	*gliene*
ci	*ce lo*	*ce la*	*ce li*	*ce le*	*ce ne*
vi	*ve lo*	*ve la*	*ve li*	*ve le*	*ve ne*
gli	*glielo*	*gliela*	*glieli*	*gliele*	*gliene*
si	*se lo*	*se la*	*se li*	*se le*	*se ne*

Wie Sie sehen, wird das ***-i*** zu ***-e***. Die Pronomen ***gli*** und ***le*** bilden, wenn ***lo, la, li, le, ne*** folgen, die Formen ***glielo, gliela, glieli, gliele, gliene***.

2.1.2.6 Die betonten Objektpronomen oder *Mit mir und mit dir*

Direkte Objektpronomen	
me	***noi***
te	***voi***
lui	***loro***
lei/Lei	

Wie Sie sehen, sind die betonten Formen der direkten Objektpronomen weitgehend identisch mit den Subjektpronomen (außer 1. und 2. Sg.).

Verwendet werden die betonten Objektpronomen zum Ausdruck einer Betonung oder Hervorhebung, z. B. bei Unklarheiten oder Gegenüberstellungen. Sie stehen dabei an betonter Stelle im Satz, d. h. am Satzanfang oder -ende.

*Vedo spesso **lei** (ma non lui).*	*Sie sehe ich oft (aber ihn nicht).*
*E quando fai un favore **a me**?*	*Und, wann tust du mir mal einen Gefallen?*

Die betonten Formen werden außerdem nach allen Präpositionen verwendet, ohne dass ein besonderer Nachdruck auf ihnen liegt:

*Vieni **con noi**?*	*Kommst du mit uns mit?*

Oder nach Wörtern wie ***secondo, beato, povero*** und in Vergleichssätzen nach ***di, come, quanto.***

*Marco è più alto **di te**.*	*Marco ist größer als du.*

2.2 Die Reflexivpronomen oder *Ich freue mich…*

*Se non **ti** sbrighi, perdi il treno!*	*Wenn du dich nicht beeilst, verpasst du den Zug!*
*Bambini, **vi** siete lavati la faccia stamattina?*	*Kinder, habt ihr euch heute früh das Gesicht gewaschen?*

Die Reflexivpronomen (***mi, ti, si*** usw.) entsprechen dem deutschen **mich/mir, dich/dir** usw. und begleiten reflexive Verben.

Eine Übersicht über die Reflexivpronomen:

(Io)	***mi***	*vesto.*	*Ich ziehe mich an.*
(Tu)	***ti***	*vesti.*	*Du ziehst dich an.*
(Lui, lei)	***si***	*veste.*	*Er/sie zieht sich an.*
(Noi)	***ci***	*vestiamo.*	*Wir ziehen uns an.*
(Voi)	***vi***	*vestite.*	*Ihr zieht euch an.*
(Loro)	***si***	*vestono.*	*Sie ziehen sich an.*

I D Wie Sie sehen, stehen auch die Reflexivpronomen – anders als im Deutschen – vor dem Verb.
Manche Verben sind im Deutschen nicht reflexiv, wohl aber im Italienischen. Ob ein italienisches Verb reflexiv ist, können Sie allerdings leicht erkennen, denn im Italienischen enden alle Reflexivverben im Infinitiv auf ***-si***: ***vestirsi*** *sich anziehen*

2.3 Die Possessivpronomen oder *Mein Haus, mein Auto…*

Und nun wieder etwas Einfaches. Hier erst einmal die Formen im Überblick:

	Singular		Plural	
Maskulin	*mio*	*mein*	*miei*	*meine*
	tuo	*dein*	*tuoi*	*deine*
	suo/Suo	*sein/ihr/Ihr*	*suoi/Suoi*	*seine/ihre/Ihre*
	nostro	*unser*	*nostri*	*unsere*
	vostro	*euer*	*vostri*	*eure*
	loro	*ihr/Ihr*	*loro*	*ihre/Ihre*
Feminin	*mia*		*mie*	
	tua		*tue*	
	sua/Sua		*sue/Sue*	
	nostra		*nostre*	
	vostra		*vostre*	
	loro		*loro*	

Possessivpronomen können ein Substantiv begleiten oder ersetzen:

*Questa è la **tua penna**?*	*Sì, è la **mia**.*
Ist das dein Stift?	*Ja, es ist meiner.*

Hier ist Ihr Reisepass. – Eigentlich gehört er meinem Mann!

I D Der wichtigste Unterschied zwischen dem Deutschen und dem Italienischen besteht darin, dass die Possessivpronomen im Italienischen meist mit dem bestimmten Artikel verwendet werden. Vergleichen Sie:

*Ecco **il suo** passaporto.*	*Hier, Ihr Reisepass.*

Ohne Artikel werden die Possessivpronomen vor Verwandtschaftsbezeichnungen im Singular verwendet:

*Questo è **mio** marito.*	*Das ist mein Ehemann.*
aber:	
*Queste sono **le mie** sorelle.*	*Das sind meine Schwestern.*

! ***Loro*** (ihr/Ihr) wird immer vom bestimmten Artikel begleitet:

*Questa è **la loro** zia.*	*Das ist ihre/Ihre Tante.*

Zugegeben, es ist etwas verwirrend, aber zum Trost müssen Sie sich für die 3. Person Singular nicht drei *(sein/ihr/Ihr)*, sondern nur eine Form, nämlich ***suo***, merken.

I D Ein weiterer Unterschied zwischen dem Deutschen und dem Italienischen besteht darin, dass sich das Possessivpronomen auf das Objekt und nicht auf die Person bezieht:

*Ecco **il suo passaporto*** (mask., Sing.) bezieht sich auf den Reisepass und nicht auf die Frau.

ÜBUNG 6 **Ergänzen Sie folgende Sätze mit dem passenden Possessivpronomen und achten Sie dabei darauf, ob Sie den bestimmten Artikel brauchen oder nicht.**

1. *Quest'anno vado in vacanza con ____________ marito.*
2. *____________ figli vanno ancora a scuola.*
3. *Scusa, questo è ____________ libro?*
4. *Questa sera vado a teatro con ____________ amici Carlo e Laura.*
5. *Ecco Teresa con ____________ figlia Caterina.*

2.4 Die Demonstrativpronomen oder *Dieser und jener*

»Zeigefinger-Pronomen« könnte man sie scherzhaft nennen. Kann man damit doch auf etwas oder jemanden hinweisen.

Ist das dort Ihr Auto? – Nein, aber das da ist mein Fahrrad!

Je nachdem, ob sich die Sache oder die Person, auf die wir zeigen, in unserer Nähe befindet oder weit weg ist, unterscheidet man im Italienischen zwei Formen. Im ersten Fall verwendet man folgende Formen:

(Mit Subst.)	Singular		Plural
Mask.	**questo** bambino	*dieses Kind*	**questi** bambini
	quest' orologio	*diese Uhr*	**questi** orologi
Fem.	**questa** ragazza	*dieses Mädchen*	**queste** ragazze
	quest' automobile	*dieses Auto*	**queste** automobili

(Ohne Subst.)	Singular		Plural	
Mask.	**questo**	*dieser/dieses*	**questi**	*diese*
Fem.	**questa**	*diese*	**queste**	*diese*

Befindet sich das Objekt oder die Person vom Sprecher weiter entfernt (zeitlich oder örtlich), verwendet man hingegen folgende Formen:

(Mit Subst.)	Singular		Plural
Mask.	***quel*** *bambino*	*jenes Kind*	***quei*** *bambini*
	quell'*orologio*	*jene Uhr*	***quegli*** *orologi*
	quello *studente*	*jener Student*	***quegli*** *studenti*
Fem.	***quella*** *ragazza*	*jenes Mädchen*	***quelle*** *ragazze*
	quell'*automobile*	*jenes Auto*	***quelle*** *automobili*

Ist Ihnen aufgefallen, dass die Endungen von ***quello*** mit den Formen des bestimmten Artikels identisch sind? Aber Achtung: Steht ***quello*** alleine, unterscheidet man nur:

(Ohne Subst.)	Singular		Plural	
Mask.	***quello***	*jener/jenes*	***quelli***	*jene*
Fem.	***quella***	*jene*	***quelle***	*jene*

2.5 Die Indefinitpronomen oder *Viel, wenig oder nichts*

Die Indefinitpronomen ergänzen oder ersetzen Substantive, die der Sprecher nicht genau bestimmen will oder kann.

Haben Sie viel Wein getrunken? – Ich? Nein, nur ganz wenig!

Folgende Indefinitpronomen können alleine (Pronominalgebrauch) oder bei einem Substantiv stehen (adjektivischer Gebrauch):

molto, molta, molti, molte	*viel*
troppo, troppa, troppi, troppe	*zu viel*
tutto, tutta, tutti, tutte	*alle*
tanto, tanta, tanti, tante	*so viel*
poco, poca, pochi, poche	*wenig*
alcuni, alcune	*einige*
nessuno, nessuna	*keiner, niemand*
altro, altra, altri, altre	*ein anderer*

Beachten Sie: Die Indefinitpronomen richten sich nach dem Substantiv, das sie begleiten. D. h. hätte unser Fahrer viel Bier getrunken, dann hätte ihn der Carabiniere gefragt:

*Ha bevuto **molta** birra?*

Unverändert bleiben sie hingegen, wenn sie ein Verb oder ein Adjektiv begleiten.

Ohne Substantiv stehen folgende Indefinitpronomen:

qualcosa *(etwas)*	
*Mangi **qualcosa**?*	*Isst du etwas?*
qualcuno, -a *(irgendjemand)*	
*Hai visto **qualcuno**?*	*Hast du jemanden gesehen?*
ognuno, -a *(jeder)*	
*Voglio conoscere **ognuno**.*	*Ich will jeden kennen lernen.*
niente/nulla *(nichts)*	
*Non ho bevuto **niente**.*	*Ich habe nichts getrunken.*

Folgende Indefinitpronomen stehen im Singular immer mit einem Substantiv:

qualche *(einige)*	
*Ha **qualche** problema?*	*Haben Sie Probleme?*
ogni *(jeder)*	
***Ogni** volta la stessa storia.*	*Jedes Mal dieselbe Geschichte.*

2.6 Die Interrogativpronomen oder *Wie man Fragen stellt*

Was? – Wer? – Welches? – Wie viele?

Wir hoffen, Sie stellen nicht so viele Fragen auf einmal wie unser Carabiniere, aber irgendetwas werden Sie bestimmt mal fragen müssen. Dafür brauchen Sie die Interrogativpronomen oder andere Fragewörter.

Hier eine Übersicht:

chi	***Chi*** *è il signor Maier?*	***Wer*** *ist Herr Maier?*
che cosa*	***Che cosa*** *beve?*	***Was*** *trinken Sie?*
che	***Che*** *lingue parla?*	***Welche*** *Sprachen spricht er?*
quale, -i	***Quale*** *vino vuole?*	***Welchen*** *Wein möchten Sie?*
quanto, -a, -i, -e	***Quanti*** *figli ha?*	***Wie viele*** *Kinder haben Sie?*

* Neben der Form ***che cosa*** können Sie auch ***cosa*** oder einfach ***che*** finden.

Andere Fragewörter:

come	***Come*** *ti chiami?*	*Wie heißt du?*
dove	***Dove*** *sei/vai?*	*Wo bist du/wohin gehst du?*
di dove	***Di dove*** *sei?*	*Woher kommst du?*
quando	***Quando*** *venite?*	*Wann kommt ihr?*

ÜBUNG 7 **Ergänzen Sie die Fragesätze mit den fehlenden Interrogativpronomen bzw. Fragewörtern.**

1. ____________	*abiti?*	*A Roma.*
2. ____________	*torni?*	*Domenica, alle 7.00.*
3. ____________	*non mangi?*	*Perché non ho fame.*
4. ____________	*anni hai?*	*28.*
5. ____________	*prende?*	*Un cappuccino e un cornetto.*
6. ____________	*è quel ragazzo?*	*È mio fratello.*

2.7 Die Relativpronomen oder *Die Stadt, die…*

Jetzt können Sie erst mal durchatmen, denn was nun folgt, ist wirklich einfacher als im Deutschen. Das werden Sie gleich feststellen, wenn Sie sich diese Sätze anschauen:

1 *Firenze è la città **che** mi piace di più.*	*Florenz ist die Stadt, die mir am besten gefällt.*
2 *Ecco il ragazzo **che** ho visto ieri.*	*Da ist der Junge, den ich gestern gesehen habe.*

Das Relativpronomen ***che*** wird sowohl als Subjekt (**1**) als auch als Objekt verwendet (**2**). ***Che*** ist unveränderlich.
Nur bei Präpositionen verwendet man die wiederum unveränderliche Form ***cui***.

*Firenze è la città **in cui** abito.*	*Florenz ist die Stadt, in der ich wohne.*
*Ecco il ragazzo **di cui** ti ho parlato.*	*Da ist der Junge, von dem ich dir erzählt habe.*

3 Das Adjektiv
oder
Personen und Sachen beschreiben

Er war schön, groß, schlank, blond ...

Ohne Adjektive wäre es schwierig, eine Beschreibung des Täters zu geben, denn erst die Adjektive (Eigenschaftswörter) ermöglichen es uns, die Dinge und Menschen, die um uns sind, zu beschreiben.

3.1 Die Formen des Adjektivs oder *Alto, alta, alti oder alte?*

Beginnen wir gleich mit den Formen:

	Maskulin	Feminin
Singular	*Luigi è alt**o**.* *Carlo è intelligent**e**.*	*Maria è alt**a**.* *Silvia è intelligent**e**.*
Plural	*I ragazzi sono alt**i**.* *I ragazzi sono intelligent**i**.*	*Le ragazze sono alt**e**.* *Le ragazze sono intelligent**i**.*

Wie Sie sehen, richten sich die Adjektive im Italienischen nach dem Substantiv, das sie begleiten. Auch bei den Adjektiven gibt es drei Gruppen, deren Endungen mit denen der Substantive identisch sind:

	Singular		Plural	
Maskulin	***-o***	*alt**o***	***-i***	*alt**i***
Feminin	***-a***	*alt**a***	***-e***	*alt**e***
Mask./Fem.	***-e***	*intelligent**e***	***-i***	*intelligent**i***

Damit es nicht zu langweilig wird, gibt es natürlich auch ein paar Besonderheiten:

Adjektive auf ***-ca/-ga*** bilden den Plural auf ***-che/-ghe***:

*anti**ca** → anti**che***

Adjektive auf ***-co/-go*** bilden den Plural manchmal auf ***-chi/-ghi***:

*spor**co** → spor**chi***

und manchmal nicht:

*simpati**co** → simpati**ci***

Dazu schauen Sie sich am besten noch einmal die Regeln zum Plural der Substantive auf Seite 18ff. an.

3.2 Die Stellung des Adjektivs oder *Wo kommt es hin?*

I D Anders als im Deutschen stehen die Adjektive im Italienischen meist nach dem Substantiv:

*Carlo è veramente un uomo **simpatico**!*	*Carlo ist wirklich ein **netter** Mann!*

Es gibt allerdings eine Reihe häufig verwendeter Adjektive – ***bello*** schön, ***brutto*** häßlich, ***nuovo*** neu, ***vecchio*** alt, ***lungo*** lang, ***grande*** groß, ***piccolo*** klein –, die ebenso wie die Ordnungszahlen (***primo*** erster usw.) – vorangestellt werden können:

*Avete veramente una **bella** casa!* *Avete veramente una casa **bella**!*	*Ihr habt wirklich ein schönes Haus!*

! Die Stellung der Adjektive kann allerdings auch eine Sinnveränderung hervorrufen:

*Un **caro amico**.*	*Ein lieber Freund.*
*Un **ristorante caro**.*	*Ein teures Restaurant.*

3.3 Abgekürzte Formen oder *Wann wird es kürzer?*

Das Adjektiv ***bello*** verhält sich wie der bestimmte Artikel (zu den Regeln siehe 1.3.1), wenn es vor dem Substantiv steht:

(il)	***bel***	***(l')***	***bell'***
(l')	***bell'***	***(i)***	***bei***
(lo)	***bello***	***(gli)***	***begli***
(la)	***bella***	***(le)***	***belle***

Buono bildet nur im Maskulin und im Feminin Singular (vor Vokal) eine verkürzte Form:

un **buon** amico	*ein guter Freund*
una **buon'** amica	*eine gute Freundin*
un **buon** libro	*ein gutes Buch*

ÜBUNG 8 **Ergänzen Sie die Endungen der Adjektive.**

1. *Caterina è una ragazza simpatic______ e intelligent______.*
2. *Questi spaghetti sono veramente buon______.*
3. *Ti piacciono le mie scarpe bianc______?*
4. *Questi esercizi sono un po' difficil______!*
5. *Gli amici di Luca sono molto simpatic______.*
6. *Le camere sono molto grand______.*

3.4 Vergleich und Steigerung des Adjektivs oder *Ist es schneller, netter oder heller?*

Und wenn unser Freund netter ist, unser Auto schneller und unsere Wohnung heller? Na ja, dann sollten wir das ausdrücken können. Und dafür gibt es zum Glück die Steigerung.

3.4.1 Der Komparativ oder *Mehr oder weniger*

Wollen wir auf Italienisch zwei Sachen, zwei Personen oder zwei Handlungen vergleichen, so können wir das mit Hilfe von ***più*** (mehr) bzw. ***meno*** (weniger) tun.

La mia casa è **più bella della** tua.	*Mein Haus ist schöner als deines.*
Luca è **meno simpatico che** bello.	*Luca ist weniger nett als schön.*

(I)(D) Das deutsche »als« wird auf Italienisch entweder mit ***di*** (wenn auf »als« ein Substantiv oder ein Pronomen folgt) oder mit ***che*** (wenn auf »als« ein Verb, Adverb oder Adjektiv folgt) wiedergegeben.

Das deutsche so … wie … wird auf Italienisch folgendermaßen wiedergegeben:

*Lucia è **alta come/quanto** me.*	*Lucia ist so groß wie ich.*

Unregelmäßig ist der Komparativ folgender Adjektive:

buono	*gut*	**migliore/più buono**	*besser*
cattivo	*schlecht*	**peggiore/più cattivo**	*schlechter*
piccolo	*klein*	**minore/più piccolo**	*kleiner*
grande	*groß*	**maggiore/più grande**	*größer*

3.4.2 Der Superlativ oder *Es ist das Schönste…*

Und angenommen, Ihr Haus ist wunderschön, wenn nicht sogar das schönste überhaupt? Um das ausdrücken zu können, brauchen Sie einen Superlativ. Dabei unterscheidet man zwei Formen: den absoluten (Satz 1) und den relativen Superlativ (Satz 2).

*La mia casa è **bellissima**.*	*Mein Haus ist sehr schön.*
*La mia casa è **la più bella**!*	*Mein Haus ist das schönste.*

Der absolute Superlativ ist relativ einfach zu bilden, denn Sie müssen an die normale Form des Adjektivs (ohne Endvokal) lediglich die Endung ***-issimo, -issima, -issimi, -issime*** anhängen.

Der relative Superlativ ist noch einfacher. Er wird nämlich mit dem bestimmten Artikel, ***più*** und der normalen Form des Adjektivs gebildet.

Unregelmäßig ist der Superlativ folgender Adjektive:

buono	**ottimo/buonissimo**	*hervorragend*
cattivo	**pessimo/cattivissimo**	*sehr schlecht*
piccolo	**minimo/piccolissimo**	*sehr klein*
grande	**massimo/grandissimo**	*sehr groß*

4 Das Adverb
oder
Handlungen näher beschreiben

Sie sprechen gut Deutsch!

Mit der Beschreibung unserer (Um)Welt sind wir aber noch nicht ganz fertig. Wir können jetzt zwar sagen, unser Carabiniere ist ***bello, simpatico*** und ***elegante***, aber wir können noch nicht beschreiben, wie er fährt, spricht oder wie gut er etwas macht. Dafür brauchen wir die Adverbien.

Ein Adverb ist ein Wort, das ein Verb (1), ein Adjektiv (2), ein anderes Adverb (3) oder einen ganzen Satz (4) näher bestimmt.

1	*Lei parla **bene** il tedesco!*	*Sie sprechen gut Deutsch!*
2	*La sua pronuncia è **molto** buona!*	*Ihre Aussprache ist sehr gut!*
3	*Lei parla **veramente** bene il tedesco!*	*Sie sprechen wirklich sehr gut Deutsch!*
4	*Franco viene **sicuramente** a piedi.*	*Franco kommt bestimmt zu Fuß.*

4.1 Adverbien der Art und Weise oder *Sie enden fast immer auf -mente*

Die meisten Adverbien haben eigene Formen, d. h. sie können als Vokabeln gelernt werden – z. B. ***presto*** *(früh)*, ***tardi*** *(spät)*, ***qui*** *(hier)*, ***lì*** *(dort)* –, aber es gibt auch eine Reihe von Adverbien, nämlich die der Art und Weise, die sich von Adjektiven ableiten. Diese Adverbien können Sie leicht erkennen, denn sie enden meistens auf ***-mente***:

Adjektiv	Adverb	
lento	***lentamente***	*langsam*
veloce	***velocemente***	*schnell*
regolare	***regolarmente***	*regelmäßig*
normale	***normalmente***	*normal/normalerweise*

Alles klar? Also, Adverbien der Art und Weise werden gebildet, indem man an die weibliche Form des Adjektivs, z. B. ***lenta***, die Endung ***-mente*** anhängt. Adjektive, die auf ***-le*** oder ***-re*** enden ***(normale, regolare)***, verlieren das ***-e***.

Ganz eigene Formen haben folgende Adverbien der Art und Weise:

Adjektiv	Adverb	
buono	***bene***	*gut*
cattivo	***male***	*schlecht*

4.2 Die Stellung der Adverbien oder *Wohin mit den Adverbien?*

Nun, die Adverbien der Art und Weise stehen bei einfachen Zeiten nach dem Verb (1) und bei zusammengesetzten Zeiten nach dem Partizip (2). Adverbien der Zeit stehen bei einfachen Zeiten nach dem Verb (3) und bei zusammengesetzten Zeiten zwischen Hilfsverb und Partizip oder nach dem Partizip (4, 5):

1 *Da Mario si mangia **bene**.*	*Bei Mario isst man gut.*
2 *Da Mario ho mangiato **bene**.*	*Bei Mario habe ich gut gegessen.*
3 *Lo so **già**.*	*Ich weiss es schon.*
4 *L'ho **già** visto.*	*Ich habe es schon gesehen.*
5 *Non l'ho visto **ancora**.*	*Ich habe es noch nicht gesehen.*

4.3 Vergleich und Steigerung der Adverbien oder *Noch schneller ...*

Jetzt wollen wir uns wieder in den Bereich der Superlative begeben. Aber das werden Sie bestimmt ***molto velocemente*** lernen! Denn es ist ***veramente*** *facile*!

Der Komparativ wird genau wie beim Adjektiv mit ***più*** bzw. ***meno*** gebildet:

*Parla **più lentamente**, per favore!*	*Sprich langsamer, bitte!*

! Unregelmäßige Formen weisen folgende Adverbien auf:

Adverb	Komparativ	Superlativ
bene	***meglio***	***benissimo***
male	***peggio***	***malissimo***
molto	***più***	***moltissimo***
poco	***meno***	***pochissimo***

! Für den Deutschen ist es oft schwierig, zwischen ***buono*** (Adjektiv) und ***bene*** (Adverb) zu unterscheiden, weil das Deutsche für beide Formen nur das Wort *gut* kennt.

Üben wir das nun. Und vergessen Sie dabei nicht: Adjektive beziehen sich auf Substantive und Adverbien auf Handlungen (Verben).

ÜBUNG 9 **Ergänzen Sie folgende Sätze mit *buono* bzw. *bene*.**

1. *Barbara parla molto ________________ il tedesco.*
2. *In questo ristorante il vino è veramente molto ________________.*
3. *In questo locale si mangia veramente ________________.*
4. *Non so usare molto ________________ questo programma.*
5. *Il bambino di Cristina è così ________________, non piange mai e dorme sempre.*

5 Die Gegenwart – einfache Gegenwart und Verlaufsform

oder

Über die Gegenwart sprechen

Substantiv, Adjektiv, Adverb … um an der Sprache weiterbauen zu können, brauchen wir noch einen sehr wichtigen Ziegelstein, nämlich den der Verben. Denn ohne sie kann man gar nichts **tun**! Und anfangen wollen wir natürlich **jetzt**!
In diesem Kapitel lernen Sie, wie man über die Gegenwart reden kann, genauer gesagt, über Handlungen, die sich immer wiederholen oder die gerade geschehen.

5.1 Das Präsens (einfache Gegenwart) oder *Ich lerne fleißig*

1 ***Alberto esce sempre alle 7.00.***
Alberto geht immer um 7 Uhr aus dem Haus.

2 ***I bambini giocano nel cortile.***
Die Kinder spielen im Hof.

3 ***Laura parte domani per le vacanze.***
Laura fährt morgen in Urlaub.

Sind Sie auch so gut informiert über die Gewohnheiten bzw. Handlungen Ihrer Nachbarn? Wahrscheinlich nicht. Wenn Sie nun aber doch über deren Gepflogenheiten oder darüber berichten möchten, was jene gerade tun, dann brauchen Sie **das Präsens**.

(I)(D) Genau wie im Deutschen verwendet man das Präsens im Italienischen auch, um über Ereignisse zu reden, die sich auf die unmittelbare Zukunft beziehen (3).

Im Italienischen teilt man die Verben entsprechend ihren Infinitivendungen ***-are***, ***-ere***, ***-ire*** in drei Gruppen bzw. drei Konjugationen ein:

	1. Konjug.	2. Konjug.	3. Konjug.	
	*abit-**are***	*prend-**ere***	*dorm-**ire***	*prefer-**ire***
io	*abit-**o***	*prend-**o***	*dorm-**o***	*prefer**isc-o***
tu	*abit-**i***	*prend-**i***	*dorm-**i***	*prefer**isc-i***
lui, lei, Lei	*abit-**a***	*prend-**e***	*dorm-**e***	*prefer**isc-e***
noi	*abit-**iamo***	*prend-**iamo***	*dorm-**iamo***	*prefer-**iamo***
voi	*abit-**ate***	*prend-**ete***	*dorm-**ite***	*prefer-**ite***
loro	*abit-**ano***	*prend-**ono***	*dorm-**ono***	*prefer**isc-ono***

Stellen Sie sich einen Baumstamm ohne Zweige vor. Damit daraus ein richtiger Baum wird, muss er Zweige und Blätter bekommen. Und genauso ist es mit den Verben: Sie haben einen Stamm (***abit-, prend-, dorm-*** usw.), an den Sie verschiedene Endungen anhängen und schon haben Sie ein brauchbares Verb! Also, so schwierig ist es doch gar nicht, Sie müssen nur die Endungen ein bisschen üben.

Einige Bäume wachsen allerdings ein bisschen anders. Wie Sie bestimmt gemerkt haben, gibt es bei den Verben auf ***-ire*** eine Gruppe, die gewissermaßen mehr Zweige braucht. In der Grammatik bezeichnet man sie als Verben mit Stammerweiterung, d. h. im Singular ***(io, tu, lui, lei, Lei)*** und bei der 3. Person Plural ***(loro)*** wird zwischen dem Stamm ***prefer-*** und der Endung noch ***-isc-*** eingefügt: ***prefer – isc – o***.

Zu dieser Gruppe gehören folgende Verben: ***capire*** *verstehen*, ***chiarire*** *erklären*, ***colpire*** *treffen*, ***costruire*** *bauen*, ***distribuire*** *verteilen*, ***ferire*** *verletzen*, ***finire*** *beenden*, ***pulire*** *putzen*, ***spedire*** *schicken*.

Beachten Sie außerdem:
Verben, die auf ***-ciare, -giare*** und ***-iare*** enden, verlieren das ***i*** des Stammlautes, wenn die Endung mit ***i*** beginnt. Es heißt also ***mangi*** und nicht ***mangii***.
Bei den Verben auf ***-care*** und ***-gare*** wird in der 2. Person Singular ***(tu)*** und der 1. Person Plural ***(noi)*** ein ***h*** eingefügt: *tu cerc**h**i, noi cerc**h**iamo.*

ÜBUNG 10 **Versuchen Sie folgende Tabelle zu vervollständigen.**

Infinitiv	*comprare*	*sentire*	*cercare*	*scrivere*
io	*compro*	______	______	______
tu	______	*senti*	______	______
lui, lei, Lei	______	______	*cerca*	______
noi	______	______	______	*scriviamo*
voi	______	______	*cercate*	______
loro	______	*sentono*	______	______

5.2 Die Hilfsverben *essere (sein)* und *avere (haben)* oder *Ich bin und du hast*

Von zwei so wichtigen Verben kann man nicht erwarten, dass sie regelmäßig sind, oder?

	essere *sein*	***avere*** *haben*
io	***sono***	***ho***
tu	***sei***	***hai***
lui, lei, Lei	***è***	***ha***
noi	***siamo***	***abbiamo***
voi	***siete***	***avete***
loro	***sono***	***hanno***

Das Verb ***avere*** verwendet man im Italienischen auch, um das Alter anzugeben bzw. danach zu fragen:

*Quanti anni **hai?***	*Wie alt bist du?*
***Ho** 29 anni.*	*Ich bin 29 Jahre alt.*

Weitere wichtige unregelmäßige Verben:

andare	*gehen*	***vado***	***vai***	***va***	***andiamo***	***andate***	***vanno***
dare	*geben*	***do***	***dai***	***dà***	***diamo***	***date***	***danno***
dire	*sagen*	***dico***	***dici***	***dice***	***diciamo***	***dite***	***dicono***

Beachten Sie: Im Italienischen unterscheidet man nicht zwischen gehen und fahren, das Verb ist immer ***andare***.

Eine Liste der wichtigsten unregelmäßigen Verben finden Sie auf Seite 144ff..

5.2.1 Das Verb *esserci* oder *Es gibt, da sind*

Das Verb ***esserci*** *(vorhanden sein, da sein)* bildet zwei Formen: ***c'è*** *es gibt* und ***ci sono*** *da sind*

*Non **c'è** più nessuno.*	*Es ist niemand mehr da.*
***Ci sono** molte persone.*	*Es sind viele Leute da.*

Ob ***c'è*** oder ***ci sono*** verwendet wird, hängt davon ab, ob das Subjekt im Singular oder Plural steht. Eigentlich nichts Neues, oder?

Tritt zu ***c'è*** oder ***ci sono*** eine Ortsbezeichnung hinzu, steht diese am Satzanfang oder -ende:

*All'angolo **c'è** un bar.*	*An der Ecke ist eine Bar.*
***C'è** un bar all'angolo.*	
*Sul tavolo **ci sono** i tuoi libri.*	*Auf dem Tisch sind deine Bücher.*

! Steht jedoch das Subjekt am Satzanfang, wird das einfache Verb ***essere*** verwendet:

*I tuoi libri **sono** sul tavolo.*

Bei den folgenden Übungen sollten Sie sich vorher genau überlegen, ob »sein« oder »da sein« gefordert ist.

ÜBUNG 11 ***Essere*** **oder** ***esserci?*** **Ergänzen Sie folgende Sätze mit der passenden Verbform.**

1. *Il ristorante _______________ a 200 metri da qui.*
2. *In piazza _______________ una grande festa.*
3. *A Roma _______________ molti turisti.*
4. *Luca e Paola _______________ in vacanza a Capri.*
5. *Scusi, _______________ libero questo posto?*
6. *Scusi, _______________ ancora i cornetti con la marmellata?*
7. *La mia camera _______________ veramente molto bella.*

5.3 Das Verb *fare (machen, tun)* oder *Ich mache oder es tut*

Das Verb ***fare*** werden Sie so oft verwenden, dass Sie schnell vergessen, wie unregelmäßig es eigentlich ist!

Die Konjugation der unregelmäßigen Verben lernt man übrigens am besten singend. Versuchen Sie es mal. Probieren geht über studieren!

io	***faccio***	*noi*	***facciamo***
tu	***fai***	*voi*	***fate***
lui, lei, Lei	***fa***	*loro*	***fanno***

Und jetzt sehen wir uns noch einige Wendungen mit **fare** an:

fare colazione	*frühstücken*	**fare caldo/freddo**	*heiß/kalt sein*
fare la fila	*Schlange stehen*	**fare tardi/presto**	*spät/früh kommen*
fare la spesa	*einkaufen*	**fare attenzione**	*aufpassen*
fare la doccia	*duschen*	**fare il bagno**	*baden*
fare finta di	*so tun, als ob*		

5.4 Die Modalverben *dovere, potere, volere, sapere* oder *Das müssen wir noch wissen*

Mit Hilfe der Modalverben können wir ausdrücken, wie jemand zu einer Sache steht, d. h. ob er etwas machen **muss, kann, will** oder **darf**.

Unsere Signorina muss unbedingt anrufen, denn sie will einen Termin bei ihrem Friseur ausmachen, auch wenn sie eigentlich nicht telefonieren darf.

Wie Sie an den Beispielen sehen können, stehen die Modalverben – wie im Deutschen – in der Regel in Verbindung mit einem weiteren Verb im Infinitiv, das direkt angeschlossen wird:

Modalverb	+	Infinitiv
devo		***telefonare***
voglio		***prendere*** *un appuntamento*

Und hier eine Übersicht der italienischen Modalverben:

	dovere *müssen/sollen*	**potere** *können/dürfen*
io	*devo*	*posso*
tu	*devi*	*puoi*
lui, lei, Lei	*deve*	*può*
noi	*dobbiamo*	*possiamo*
voi	*dovete*	*potete*
loro	*devono*	*possono*

	volere *wollen*	**sapere** *wissen/können*
io	*voglio*	*so*
tu	*vuoi*	*sai*
lui, lei, Lei	*vuole*	*sa*
noi	*vogliamo*	*sappiamo*
voi	*volete*	*sapete*
loro	*vogliono*	*sanno*

Mit dem Verb ***sapere*** können Sie im Italienischen eine Fähigkeit ausdrücken:

So *suonare la chitarra.*	*Ich kann Gitarre spielen.*

ÜBUNG 12 **Ergänzen Sie folgende Sätze mit der richtigen Form der in Klammer angegebenen Verben.**

1. *Luigi e Maria ________________ (essere) italiani, di Roma.*
2. *Lei ________________ (prendere) un cappuccino o un caffè?*
3. *Noi ________________ (dovere) lavorare molto.*
4. *Tu che cosa ________________ (fare) domani?*
5. *Voi ________________ (capire) il francese?*
6. *________________ (tu/volere) una sigaretta?*
7. *Paola ________________ (avere) 36 anni.*
8. *Noi domenica ________________ (giocare) a tennis con i Rossi.*
9. *Franco ________________ (preferire) gli spaghetti al pesto.*
10. *Mamma, ________________ (io/potere) guardare la tv?*

5.5 Die reflexiven Verben oder *Ich wasche mich, er zieht sich an*

Verben sind reflexiv, wenn sich die Handlung auf das Subjekt des Satzes zurückbezieht: ich wasche mich, er zieht sich an usw. Diese Verben werden immer von dem dazugehörigen Reflexivpronomen begleitet (siehe 2.2).

Sono stanca, **mi ripos-o**.	*Ich bin müde, ich ruhe mich aus.*
Perché non **ti ripos-i**?	*Warum ruhst du dich nicht aus?*
Marco è stanco e **si ripos-a**.	*Marco ist müde und ruht sich aus.*
Perché non **si ripos-a**?	*Warum ruhen Sie sich nicht aus?*
Mamma, noi **ci ripos-iamo**.	*Mama, wir ruhen uns aus.*
Perché non **vi ripos-ate**?	*Warum ruht ihr euch nicht aus?*
E loro? Non **si ripos-ano**?	*Und sie? Ruhen sie sich nicht aus?*

Am Beispiel des Verbs ***riposarsi*** *sich ausruhen* können Sie sehen, wie Reflexivverben auf ***-arsi*** konjugiert werden. Sie nehmen die Präsensformen auf ***-are*** und setzen vor das Verb das passende Reflexivpronomen.

Entsprechend bei den reflexiven Verben auf ***-ersi*** und ***-irsi***:

vedersi	*sich sehen*	*loro* ***si*** *vedono*
vestirsi	*sich anziehen*	*lei* ***si*** *vest-e*

I D Anders als im Deutschen werden die zusammengesetzten Zeiten der reflexiven Verben mit ***essere*** gebildet (siehe 6.1.2):

Mi sono lavato *con l'acqua fredda!*	*Ich habe mich mit kaltem Wasser gewaschen!*

5.6 Die Verlaufsform oder *Ich lese gerade die Zeitung*

Neben dem normalen Präsens (Gegenwartsform) gibt es im Italienischen eine weitere Form, die Sie brauchen, wenn Sie über Handlungen reden möchten, die in der Gegenwart geschehen: **die Verlaufsform.** Vergleichen Sie die unten abgebildeten Situationen, dann werden Sie den Unterschied bestimmt gleich verstehen:

Danke, aber ich trinke keinen Alkohol.

Danke, aber ich mache gerade eine Diät.

Unser Carabiniere trinkt keinen Alkohol, und zwar *grundsätzlich nicht*. Aber er isst nur *im Moment* keine Süßigkeiten, weil er *gerade* auf Diät ist (behauptet er zumindest …). Mit der Verlaufsform (***stare*** + Gerundium) drückt man also das ***momentane Geschehen*** aus, etwas, das gerade oder in einem begrenzten, sich auf die Gegenwart beziehenden Zeitraum passiert.

Die Verlaufsform setzt sich aus dem Verb ***stare*** *sich befinden, sein* und dem Gerundium (siehe 5.7) zusammen. Dabei wird nur das Verb ***stare*** konjugiert. Das Gerundium bleibt unverändert:

*Io **sto***	
*Tu **stai***	
*Laura **sta***	***leggendo** il giornale.*
*Noi **stiamo***	
*Voi **state***	
*Loro **stanno***	

5.7 Die Bildung des Gerundiums oder *-ando* und *-endo*

Das Gerundium ist einfach zu bilden:

Verben, die auf ***-are*** enden, bilden das Gerundium auf ***-ando***:

*mangi**are** → mangi**ando***

Verben, die auf ***-ere*** und ***-ire*** enden, bilden das Gerundium auf ***-endo***:

*scriv**ere** → scriv**endo***
*dorm**ire** → dorm**endo***

! Ausnahmen bilden die Verben:

*bere → **bevendo***	*trinken*
*dire → **dicendo***	*sagen*
*fare → **facendo***	*machen, tun*

ÜBUNG 13 Vervollständigen Sie das Telefongespräch mit der Verlaufsform.

● *Ciao, sono la mamma, ____________________ (tu/lavorare)?*

▲ *No, no, ____________________ (io/leggere) il giornale.*

● *I bambini ____________________ (dormire)?*

▲ *No, sono in giardino, ____________________ (giocare).*

● *E Mario? Che cosa ____________________ (lui/fare)?*

▲ *____________________ (lui/lavare) i piatti.*

● *Ah, che bravo! Tuo padre invece ____________________ (guardare) la tv!*

6 Die Vergangenheitsformen *oder* Über vergangene Handlungen sprechen

Haben Sie viel zu erzählen? Gut, dann holen Sie tief Luft, bevor wir mit den Vergangenheitsformen anfangen, denn die sind im Italienischen zahlreicher als im Deutschen. Wir fangen mit der häufigsten und zum Glück auch einfachsten an, mit dem ***passato prossimo*** *(Perfekt)*.

6.1 Das Perfekt *(passato prossimo)* oder *Was ist wann passiert?*

Um 9 Uhr hat er eine Mail geschrieben, dann hat er einen Kaffee getrunken und ist hinausgegangen.

Wie Sie merken, gibt es keinen großen Unterschied zwischen dem Deutschen und dem Italienischen. Genau wie im Deutschen setzt sich das ***passato prossimo*** aus ***essere*** oder ***avere*** + Partizip zusammen:

Ho scritto *una mail.*	***Sono uscito***.

Leider gibt es aber doch einen kleinen Unterschied. Schauen Sie sich folgende Sätze an und versuchen Sie ihn selbst zu finden.

*Marco è uscit**o**.*	*Maria è uscit**a**.*
*Marco e Paolo sono uscit**i**.*	*Maria e Tina sono uscit**e**.*

Gefunden? Also, die Regel lautet: Wird das ***passato prossimo*** mit ***essere*** gebildet, so wird die Endung des Partizips der Zahl (Singular, Plural) und dem Geschlecht (maskulin, feminin) angeglichen. Und wenn Maria und Marco hinausgehen? In dem Fall »siegt« das männliche Geschlecht, auch wenn Marco der einzige Mann unter vierzig Frauen wäre …

*Marco e Maria sono uscit**i**.*

! Wird das ***passato prossimo*** mit ***avere*** gebildet, bleibt die Endung des Partizips unverändert.

Fassen wir zusammen:

	Perfekt mit ***avere***	Perfekt mit ***essere***
io	***ho*** *mangiato*	***sono*** *andat**o/-a***
tu	***hai*** *mangiato*	***sei*** *andat**o/-a***
lui, lei	***ha*** *mangiato*	***è*** *andat**o/-a***
Lei	***ha*** *mangiato*	***è*** *andat**o/-a***
noi	***abbiamo*** *mangiato*	***siamo*** *andat**i/-e***
voi	***avete*** *mangiato*	***siete*** *andat**i/-e***
loro	***hanno*** *mangiato*	***sono*** *andat**i/-e***

! Bei der Verneinung steht das ***non*** vor dem Hilfsverb:

*Oggi **non** ho mangiato.*	*Heute habe ich nicht gegessen.*

Die Pronomen (siehe auch 2.1.2.2) stehen vor dem Hilfsverb (1) und zwischen ***non*** und dem Hilfsverb (2):

1 ***Ti*** *ha chiamato Andrea?*	*Hat dich Andrea angerufen?*
2 *Non* ***gli*** *ho scritto.*	*Ich habe ihm nicht geschrieben.*

6.1.1 Die Bildung des Partizips oder *-ato, -uto oder -ito – das ist die Frage!*

Die Bildung des Partizips ist wirklich nicht schwierig:

Verben auf ***-are*** bilden das Partizip auf ***-ato***:

*mangi**are*** → *mangi**ato***

Verben auf ***-ere*** bilden das Partizip auf ***-uto***:

*vend**ere*** → *vend**uto***

Verben auf ***-ire*** bilden das Partizip auf ***-ito***:

*usc**ire*** → *usc**ito***

Die Regel gilt natürlich nur für die regelmäßigen Verben. Besondere Aufmerksamkeit ist bei den Verben auf ***-ere*** geboten, die leider meist unregelmäßig sind.

Hier eine Liste der wichtigsten unregelmäßigen Verben (eine umfangreichere Übersicht finden Sie im Anhang Seite 144ff.):

aprire	→	***aperto***	*öffnen*
essere	→	***stato***	*sein*
fare	→	***fatto***	*machen, tun*
dare	→	***dato***	*geben*
dire	→	***detto***	*sagen*

leggere →	**letto**	*lesen*
mettere →	**messo**	*legen, stellen*
nascere →	**nato**	*geboren werden*
prendere →	**preso**	*nehmen*
scrivere →	**scritto**	*schreiben*
vedere →	**visto**	*sehen*

6.1.2 Unterschiedliche Hilfsverben im Italienischen und Deutschen oder Wann verwendet man »ist« und wann »hat«?

Eine gute Nachricht für Sie: Die Verwendung von ***essere*** und ***avere*** beim ***passato prossimo*** entspricht im Allgemeinen der Verwendung von *sein* und *haben* beim deutschen Perfekt. Unterschiede gibt es aber auch hier!

Mit ***avere*** wird das Perfekt folgender Verben gebildet:

camminare	*laufen*	sciare	*Ski fahren*
viaggiare	*reisen*	passeggiare	*spazieren gehen*

Mit ***essere*** wird das Perfekt folgender Verben gebildet:

durare	*dauern*	sembrare	*scheinen*
piacere	*gefallen*	costare	*kosten*

Auch das Perfekt der reflexiven Verben wird im Italienischen mit ***essere*** gebildet:

Mi sono vestito/a.	*Ich habe mich angezogen.*

Die Verben ***finire*** *beenden*, ***cambiare*** *(sich) verändern*, ***cominciare*** *beginnen* bilden das ***passato prossimo*** mit ***avere***, wenn sie transitiv, d. h. mit einem direkten Objekt, gebraucht werden und mit ***essere***, wenn sie intransitiv, d. h. ohne direktes Objekt, gebraucht werden.

6.1.3 Der Gebrauch des Perfekts oder *Es ist endlich abgeschlossen*

Und noch eine gute Nachricht: Das Perfekt wird im Italienischen ähnlich gebraucht wie im Deutschen. Es berichtet über Ereignisse der jüngeren Vergangenheit oder über Ereignisse, die zwar etwas länger zurückliegen, aber für die Gegenwart noch von Bedeutung sind. Geschehnisse, die im Perfekt geschildert werden, gelten als **abgeschlossen**, weshalb häufig auch genaue Zeitangaben im Satz erscheinen, z. B.:

ieri	*gestern*
l'altro ieri	*vorgestern*
la scorsa settimana/la settimana scorsa	*letzte Woche*
lo scorso anno/l'anno scorso	*letztes Jahr*

Und nun ist es wieder Zeit zu üben!

ÜBUNG 14 **Bilden Sie das Perfekt folgender Sätze mit den im Klammer angegebenen Verben.**

1. *L'anno scorso noi __________ (andare) in Sicilia.*
2. *Marco ieri __________ (lavorare) fino alle 22.00!*
3. *Ieri Laura __________ (alzarsi) alle 5.00!*
4. *Che cosa __________ (voi/fare) l'anno scorso?*
5. *Leo e Bruno __________ (uscire) ieri sera.*
6. *Il film __________ (durare) 4 ore.*
7. *Ieri sera Carla e Caterina __________ (andare) al cinema e __________ (vedere) un bellissimo film.*
8. *Ieri __________ (noi/camminare) tantissimo, __________ (arrivare) a 2.000 metri.*
9. *Teresa, __________ (tu/telefonare) a Mario?*
10. *I bambini __________ (svegliarsi) alle 6.00 questa mattina.*

6.1.4 Das Perfekt der Modalverben oder *Ich habe nicht gekonnt*

Angenommen unser Carabiniere hat gestern auf ein Seminar »gehen müssen« und deswegen das Fußballspiel »nicht anschauen können«. Wie drückt er das aus?

*Ieri **sono dovuto andare** a un seminario e non **ho potuto vedere** la partita.*

Auch hier haben Sie natürlich wieder die Qual der Wahl zwischen den Hilfsverben ***essere*** oder ***avere***. Es ist allerdings leichter als Sie glauben: Denken Sie sich einfach das Modalverb weg, und schon haben Sie die Lösung!

! Die Regel lautet: Begleiten ***dovere, potere*** oder ***volere*** ein weiteres Verb, so übernehmen sie dessen Hilfsverb und werden selbst ins Partizip Perfekt gesetzt. Achten Sie darauf, dass sich beim Perfekt mit ***essere*** das Partizip in Zahl und Geschlecht an das Subjekt angleicht!

Dazu hier noch eine kleine Übung.

ÜBUNG 15 **Ändern Sie die Sätze nach dem vorgegebenen Muster.**

Paolo non vuole venire. → ***Paolo non è voluto venire.***

1. Maria non vuole studiare. ____________

2. Carlo e Lucia devono lavorare. ____________

3. Non posso prendere il treno. ____________

4. Dobbiamo restare a casa. ____________

5. Laura non può telefonare. ____________

6.2 Das Imperfekt *(imperfetto)* oder *Gewohnheiten, Merkmale und Zustände in der Vergangenheit schildern*

Neben dem Perfekt gibt es im Italienischen noch eine weitere Vergangenheitsform: das Imperfekt. Das ist die Zeitform, die die meisten Schwierigkeiten bereitet, weil es dafür im Deutschen keine genaue Entsprechung gibt. Man muss hier also versuchen, gewissermaßen »italienisch« zu denken. Den Gebrauch dieser Zeitform versteht man am besten im Vergleich mit den anderen Vergangenheitsformen. Doch bevor wir dazu kommen, sehen wir uns erst einmal an, wie das Imperfekt gebildet wird.

6.2.1 Die Bildung des Imperfekts oder *Es passierte zu oft*

Bis auf wenige Ausnahmen wird das Imperfekt regelmäßig gebildet. Dazu werden an den Verbstamm folgende Endungen angehängt:

	1. Konjugation	2. Konjugation	3. Konjugation
	*abit-**are***	*prend-**ere***	*dorm-**ire***
io	*abit**avo***	*prend**evo***	*dorm**ivo***
tu	*abit**avi***	*prend**evi***	*dorm**ivi***
lui, lei, Lei	*abit**ava***	*prend**eva***	*dorm**iva***
noi	*abit**avamo***	*prend**evamo***	*dorm**ivamo***
voi	*abit**avate***	*prend**evate***	*dorm**ivate***
loro	*abit**avano***	*prend**evano***	*dorm**ivano***

Und hier noch einige Sonderformen:

	essere	***fare***	***dire***
io	*ero*	*facevo*	*dicevo*
tu	*eri*	*facevi*	*dicevi*
lui, lei, Lei	*era*	*faceva*	*diceva*
noi	*eravamo*	*facevamo*	*dicevamo*
voi	*eravate*	*facevate*	*dicevate*
loro	*erano*	*facevano*	*dicevano*

Weitere unregelmäßige Formen finden Sie in der Verbtabelle im Anhang.

6.2.2 Der Gebrauch des Imperfekts oder *Es ist noch nicht abgeschlossen*

So, jetzt kennen Sie die zwei wichtigsten Vergangenheitsformen. Der nächste und wichtigste Schritt besteht darin, zu verstehen, wann Sie die eine und wann die andere Form verwenden können.

Kommst du gerade aus der Dusche? – Als ich heute Morgen weggegangen bin, hat es nicht geregnet, im Gegenteil, die Sonne schien!

Perfekt	Imperfekt
abgeschlossene Handlung: ***Stamattina sono uscito.***	Situationsschilderung: ***C'era il sole.***

Das Perfekt verwenden wir bei Handlungen, die **abgeschlossen** sind, bzw. für abgeschlossene Handlungen, **deren Dauer bestimmbar ist** (bei Zeitangaben wie ***ieri, stamattina, il mese scorso, un anno fa*** usw.).
Das Imperfekt wird hingegen verwendet bei Handlungen, deren Dauer **nicht genau bestimmbar ist**: Wann hat es angefangen zu regnen? Regnet es noch? Das wissen wir nicht. Würden wir z. B. sagen: »***è piovuto***«, d. h. würden wir das Perfekt verwenden, wüssten wir gleich, dass es inzwischen aufgehört hat zu regnen.

Als kleine Hilfe stellen Sie sich ein Bild vor. **Der Hintergrund, der Rahmen der Handlung,** wird mit dem **Imperfekt** gemalt und **die abgeschlossenen Handlungen, die Szenen,** mit dem **Perfekt.**

Das Imperfekt steht außerdem bei:

- Beschreibungen von gewohnheitsmäßigen Handlungen

*Quando ero piccola **andavo** spesso in montagna.*	*Als ich klein war, ging ich oft in die Berge.*
*Da bambino **odiavo** la verdura.*	*Als Kind hasste ich Gemüse.*

- Beschreibungen von Zuständen, Situationen, Personen oder Sachen

*Il treno **era** pieno e **faceva** molto caldo.*	*Der Zug war voll und es war sehr heiß.*
*Mio nonno **era** un uomo molto elegante.*	*Mein Großvater war ein sehr eleganter Mann.*

Bei mehreren Handlungen ist Folgendes zu beachten:
Dauert eine Handlung noch an, während eine zweite einsetzt, so steht die erste im Imperfekt und die zweite im Perfekt. Der Nebensatz im Imperfekt wird meist mit ***mentre*** *während* eingeleitet:

*Mentre **mangiavo è arrivato** Luca.*	*Während ich aß, ist Luca gekommen.*

Ist ein Vorgang bereits abgeschlossen, wenn ein anderer einsetzt, so stehen beide im ***passato prossimo***:

*Ieri sera **ho letto** e poi **sono uscito**.*	*Gestern abend habe ich gelesen und dann bin ich ausgegangen.*

Wenn zwei Handlungen von unbestimmter Dauer gleichzeitig ablaufen, stehen beide im **Imperfekt**:

*Mentre io **mangiavo** Anna **leggeva** il giornale.*	*Während ich aß, las Anna die Zeitung.*

Und nun üben wir wieder ein bisschen!

ÜBUNG 16 **Ergänzen Sie folgende Sätze mit der richtigen Zeitform der in Klammer angegebenen Verben (Perfekt, Imperfekt).**

1. *Ieri quando ________________ (io/uscire) ________________________ (incontrare) Piero.*
2. *Quando ________________ (noi/essere) giovani ________________ (andare) spesso a ballare.*
3. *Ieri mattina ________________ (lui/dormire) fino alle 11.00.*
4. *La settimana scorsa Franco e Martina ________________ (partire) per la Sicilia.*
5. *Mia nonna ________________ (essere) molto bella, ________________ (avere) i capelli rossi e ______________ (suonare) benissimo il violino.*
6. *Mentre ________________ (noi/tornare) a casa ________________ (incontrare) Luigi e Francesca.*
7. *Stefano ________________ (studiare) fino alle 17.00 e poi ________________ (andare) dal suo amico Daniele.*

6.3 Das Plusquamperfekt *(trapassato prossimo)* oder *Was war vorher geschehen?*

Ich schwöre es! Als ich kam, war die Pizza schon verschwunden!

Eine andere wichtige Vergangenheitsform ist das Plusquamperfekt. Das Plusquamperfekt ist einfach zu bilden und auch der Gebrauch ist nicht so kompliziert wie beim Imperfekt, denn hier bewegen wir uns wieder im Bereich der abgeschlossenen Handlungen. Allerdings liegen diese nun etwas weiter zurück als die Vergangenheitsebene, von der man ausgeht.

6.3.1 Die Bildung des Plusquamperfekts oder *Er hatte gerade gelernt...*

Die Bildung des Plusquamperfekts ist jetzt wirklich ein Kinderspiel. Schauen Sie sich die folgenden Beispielsätze an und versuchen Sie selber, die Regel zu finden:

*Noi **eravamo** già **usciti** quando hai telefonato.*	*Wir waren schon weg, als du angerufen hast.*
*Quando sono arrivati **avevamo** già **preparato** tutto.*	*Wir hatten schon alles vorbereitet, als sie ankamen.*

Nun, haben Sie verstanden, wie das Plusquamperfekt gebildet wird? Klar: Imperfekt von ***avere*** oder ***essere*** + Partizip.

	*prepar**are***	*usc**ire***
io	***avevo** preparato*	***ero** uscito/-a*
tu	***avevi** preparato*	***eri** uscito/-a*
lui, lei, Lei	***aveva** preparato*	***era** uscito/-a*
noi	***avevamo** preparato*	***eravamo** usciti/-e*
voi	***avevate** preparato*	***eravate** usciti/-e*
loro	***avevano** preparato*	***erano** usciti/-e*

6.3.2 Der Gebrauch des Plusquamperfekts oder *Ich hatte es schon gemacht, als...*

Erinnern wir uns an unser Beispiel: Mit dem Plusquamperfekt beschreiben wir ein Ereignis, das bereits abgeschlossen war *(die Pizza war bereits verschwunden)*, als andere, ebenfalls vergangene Ereignisse stattgefunden haben *(als der Polizist kam)*.

Alles klar? Vielleicht können Sie sich die beiden Ebenen der Vergangenheit so besser vorstellen:

La pizza era già sparita

quando sono arrivato.

6.4 Das historische Perfekt *(passato remoto)* oder *Es war einmal…*

Neben all den Vergangenheitsformen, die wir eben besprochen haben, gibt es noch eine, die für die gesprochene Sprache vielleicht nicht so wichtig ist, wohl aber für die geschriebene Sprache: das ***passato remoto***. Also, falls Sie mal einen Roman auf Italienisch lesen möchten, dann sind Sie »vorbereitet«.

6.4.1 Die Bildung des *passato remoto* oder *Ich nahm, du nahmst…*

Wie immer nehmen wir ein Verb für jede Konjugation und schauen uns an, wie die regelmäßigen Formen gebildet werden:

	abitare	**credere**	**dormire**
io	*abitai*	*credei (-etti)*	*dormii*
tu	*abitasti*	*credesti*	*dormisti*
lui, lei, Lei	*abitò*	*credé (-ette)*	*dormì*
noi	*abitammo*	*credemmo*	*dormimmo*
voi	*abitaste*	*credeste*	*dormiste*
loro	*abitarono*	*crederono (-ettero)*	*dormirono*

Nicht so einfach! Aber die meisten Verben auf ***-are*** und ***-ire*** werden regelmäßig konjugiert. D. h., die Verben auf ***-ere*** sind wieder einmal das schwarze Schaf der Verbfamilie: Bei den Verben, die auf ***-ere*** enden, finden wir nämlich die meisten unregelmäßigen Formen, außerdem sind bei den regelmäßigen in der 1. und 3. Person Singular und der 3. Person Plural zwei Endungen möglich (siehe Schema oben).

6.4.2 Das *passato remoto* von *essere* und *avere* oder *Ich war, ich hatte*

	essere	*avere*
io	*fui*	*ebbi*
tu	*fosti*	*avesti*
lui, lei, Lei	*fu*	*ebbe*
noi	*fummo*	*avemmo*
voi	*foste*	*aveste*
loro	*furono*	*ebbero*

Weitere unregelmäßige Formen finden Sie in der Verbtabelle im Anhang.

6.4.3 Der Gebrauch des *passato remoto* oder *Es war vor langer Zeit…*

Ähnlich wie das ***passato prossimo*** wird das ***passato remoto*** für Handlungen verwendet, die abgeschlossen sind. In diesem Fall handelt es sich aber um Handlungen, die zeitlich weit zurück liegen.

*Mio nonno **partì** per l'America nel 1921.*	*Mein Großvater fuhr nach Amerika im Jahr 1921.*

Wie schon angesprochen, bleibt der Gebrauch dieser Zeitform meist auf die Schriftsprache beschränkt, abgesehen von Süditalien und anderen Regionen, wo das ***passato remoto*** auch in der gesprochenen Sprache sehr oft verwendet wird.

7 Das Futur
oder
Über die Zukunft sprechen

Im Italienischen gibt es zwei Zukunftsformen, das Futur I ***(futuro semplice)*** und das Futur II ***(futuro anteriore)***. Wir wollen mit der einfachsten und wichtigsten Form anfangen, dem Futur I.

7.1 Die Bildung des Futurs I oder *Du wirst es schnell lernen ...*

Ich werde mehr lesen ..., weniger rauchen ..., weniger schlafen ...

Unser Carabiniere wird mehr lesen, weniger rauchen und weniger schlafen … Und Sie? Haben Sie sich für die Zukunft auch etwas vorgenommen? Gut, dann lernen wir jetzt, wie Sie Ihre Vorhaben kundtun können.
Und wie lautet das Rezept für die Bildung des Futurs I?
Also: Man nehme den Infinitiv ohne Endvokal ***(leggere** → **legger)*** und füge folgende Zutaten hinzu: ***-ò, -ai, -à, -emo, -ete, -anno.***

Wenn Sie die Zutaten richtig gemischt haben, dann wird es so aussehen:

	*parl**are***	*prend**ere***	*dorm**ire***
io	*parler**ò***	*prender**ò***	*dormir**ò***
tu	*parler**ai***	*prender**ai***	*dormir**ai***
lui, lei, Lei	*parler**à***	*prender**à***	*dormir**à***
noi	*parler**emo***	*prender**emo***	*dormir**emo***
voi	*parler**ete***	*prender**ete***	*dormir**ete***
loro	*parler**anno***	*prender**anno***	*dormir**anno***

Wie Sie sehen, wird bei den Verben auf ***-are*** das ***a*** der Infinitivendung zu ***e***. Ausnahmen bilden folgende Verben:

dare	→	*darò*	*geben*
fare	→	*farò*	*machen*
stare	→	*starò*	*sein/bleiben*

Die Verben auf ***-care/-gare*** fügen ein ***h*** ein:

cercare	→	***cercherò***	*suchen*

Bei den Verben auf ***-ciare/-giare*** entfällt das ***i***:

mangiare	→	***mangerò***	*essen*

Und hier einige häufig gebrauchte Verben, die das Futur **ganz** anders bilden:

avere	→	*avrò*	*haben*
andare	→	*andrò*	*gehen/fahren*
dovere	→	*dovrò*	*müssen/sollen*
potere	→	*potrò*	*können/dürfen*
sapere	→	*saprò*	*wissen*
vedere	→	*vedrò*	*sehen*
vivere	→	*vivrò*	*leben*
bere	→	*berrò*	*trinken*
volere	→	*vorrò*	*wollen*
venire	→	*verrò*	*kommen*

Das Verb ***essere*** hat im Futur I einen ganz anderen Verbstamm:

io	***sarò***	*noi*	***saremo***
tu	***sarai***	*voi*	***sarete***
lui, lei, Lei	***sarà***	*loro*	***saranno***

7.2 Der Gebrauch des Futurs I oder *Etwas vorhersagen, ankündigen, vermuten*

Das Futur I wird ähnlich wie im Deutschen gebraucht,

- um Ankündigungen oder Vorhersagen zu machen:

*La festa **inizierà** alle 19.00.*	*Das Fest wird um 19 Uhr beginnen.*

- um über zukünftige Situationen zu reden, die für nicht ganz sicher gehalten werden. In solchen Aussagen findet man häufig Ausdrücke, die einen gewissen Grad an Zweifel oder Unsicherheit zum Ausdruck bringen, z. B. ***forse*** *vielleicht*, ***probabilmente*** *wahrscheinlich*:

*Probabilmente **cambierò** casa.*	*Wahrscheinlich werde ich umziehen.*

- um Vermutungen auszudrücken:

*Marco **avrà** circa 28 anni.*	*Marco wird wohl ungefähr 28 Jahre alt sein.*

- um Bedingungen auszudrücken, die sich auf die Zukunft beziehen:

*Se mangi meno **dimagrirai**.*	*Wenn du weniger isst, wirst du abnehmen.*

Wie Sie sehen, ist das gar nicht so schwierig, aber wie immer sollten Sie das gleich ein bisschen üben.

ÜBUNG 17 **Ergänzen Sie folgende Sätze mit der Futurform der in Klammer angegebenen Verben.**

1. *Il prossimo anno ____________________ (io/cercare) un nuovo lavoro.*
2. *Franco e Giulia forse ____________________ (cambiare) casa.*
3. *Luca, se non ti sbrighi ____________________ (perdere) il treno!*
4. *Ti ____________________ (noi/scrivere) una cartolina, va bene?*
5. *Quanti anni ____________________ (avere) Sandra?*
6. *Domenica forse ____________________ (io/andare) al mare.*

7.3 Das Futur II oder *Wir werden gelernt haben ...*

Keine Angst, mit dem Futur II ist das Kapitel Futur dann auch beendet! Schauen Sie sich zunächst die folgenden Beispiele an, und versuchen Sie herauszufinden, wie diese Form gebildet wird.

1 *Quando leggerai questa lettera io **sarò** già **partita**.*	*Wenn du diesen Brief lesen wirst, werde ich schon gefahren sein.*
2 *Marco **avrà incontrato** un amico, per questo non è ancora arrivato.*	*Marco wird wohl einen Freund getroffen haben, deswegen ist er noch nicht da.*

Die Regel lautet also: Futur I von ***essere*** oder ***avere*** + Partizip.

	incontrare	*partire*
io	***avrò** incontrato*	**sarò** partito/-a
tu	***avrai** incontrato*	**sarai** partito/-a
lui, lei, Lei	***avrà** incontrato*	**sarà** partito/-a
noi	***avremo** incontrato*	**saremo** partiti/-e
voi	***avrete** incontrato*	**sarete** partiti/-e
loro	***avranno** incontrato*	**saranno** partiti/-e

7.4 Der Gebrauch des Futurs II oder *Was wird gewesen sein ...*

Das Futur II wird im Italienischen weit häufiger verwendet als im Deutschen. Wenn Sie die beiden obigen Beispiele noch einmal genau lesen, werden Ihnen sofort zwei mögliche Situationen einfallen, in denen es verwendet wird:

- Im Beispiel **1** (auf Seite 81) finden beide Handlungen in der Zukunft statt, aber die zweite *(ich werde schon gefahren sein)* liegt vor der ersten *(wenn du diesen Brief lesen wirst)*. Mit dem Futur II wird also die **Vorzeitigkeit** einer Handlung gegenüber einem anderen zukünftigen Ereignis ausgedrückt.

- Im Beispiel **2** wird einfach eine **Vermutung** geäußert, die sich auf die Vergangenheit bezieht *(er wird wohl einen Freund getroffen haben)*.

8 Der Konditional
oder
Wünsche und Vorstellungen äußern, Ratschläge erteilen

Ich hätte gerne ein Haus mit Garten, einen Ferrari, dann würde ich gerne auf die Malediven reisen und dann …

Nun, vielleicht werden Sie nie einem Geist aus der Wunderlampe begegnen, aber Wünsche oder Vorstellungen werden Sie trotzdem haben. Um diese zu äußern, um Vorschläge zu machen und Ratschläge zu erteilen, brauchen Sie den Konditional.

Beim Konditional unterscheidet man zwischen ***condizionale presente*** (Konditional I) und ***condizionale passato*** (Konditional II).

8.1 Der Konditional I oder *Ich hätte gerne eine Wunderlampe*

Sehen wir uns anhand von drei regelmäßigen Verben zunächst einmal an, wie der Konditional I gebildet wird:

	*parl**are***	*prend**ere***	*dorm**ire***
io	*parler**ei***	*prender**ei***	*dormir**ei***
tu	*parler**esti***	*prender**esti***	*dormir**esti***
lui, lei, Lei	*parler**ebbe***	*prender**ebbe***	*dormir**ebbe***
noi	*parler**emmo***	*prender**emmo***	*dormir**emmo***
voi	*parler**este***	*prender**este***	*dormir**este***
loro	*parler**ebbero***	*prender**ebbero***	*dormir**ebbero***

Alles klar? Sie haben wie immer verschiedene Endungen, die angehängt werden. Diesmal aber werden die Endungen an den Infinitiv ohne Endvokal angehängt: ***prender-, dormir-*** usw.

Bestimmt ist Ihnen auch aufgefallen, dass bei den Verben auf ***-are*** das ***a*** wie beim Futur zu ***e*** wird: *parl**a**re* → *parl**e**rei.*

Ausnahmen bilden die Verben:

dare* → *darei ***fare* → *farei*** ***stare* → *starei***

Und darauf sollten Sie auch noch achten:

- Bei den Verben, die auf ***-ciare*** und ***-giare*** enden, entfällt das ***i***:

*Io man**gerei** volentieri un panino.*	*Ich würde gerne ein Brötchen essen.*
*Comin**cerei** lunedì.*	*Ich würde am Montag anfangen.*

- Bei den Verben auf ***-care*** und ***-gare*** wird stets ein ***h*** eingefügt:

*Cerc**h**erei una casa nuova.*	*Ich würde ein neues Haus suchen.*
*Pag**h**eresti tu per me?*	*Würdest du für mich zahlen?*

! Und hier einige wichtige Sonderformen:

andare	→	***andrei***
avere	→	***avrei***
dovere	→	***dovrei***
potere	→	***potrei***
vedere	→	***vedrei***
bere	→	***berrei***
venire	→	***verrei***
volere	→	***vorrei***

Das Verb ***essere*** wird auch im Konditional unregelmäßig konjugiert:

io	***sarei***	*noi*	***saremmo***
tu	***saresti***	*voi*	***sareste***
lui, lei, Lei	***sarebbe***	*loro*	***sarebbero***

Weitere Sonderformen finden Sie in der Verbtabelle im Anhang.

8.2 Der Gebrauch des Konditionals I oder *Wünschen, bitten, zweifeln*

Der Konditional wird im Italienischen gebraucht, um

- einen Wunsch auszudrücken:

*Quest'anno mi **piacerebbe** andare in Messico.*	*Dieses Jahr würde ich gerne nach Mexiko fahren.*

- eine höfliche Bitte zu äußern (z. B. wenn Sie etwas bestellen oder höflich nach etwas fragen möchten):

Potrei *avere ancora un po' di pane?*	*Könnte ich noch etwas Brot haben?*

- einen Zweifel auszudrücken:

Mah, non so, ***potrei*** *anche sbagliarmi!*	*Na ja, ich weiß nicht, ich könnte mich auch täuschen!*

- einen Vorschlag zu machen:

Stasera ***potremmo*** *andare al cinema.*	*Heute Abend könnten wir ins Kino gehen.*

- eine Aussage abzuschwächen:

Vieni con noi stasera? *Veramente* ***dovrei*** *lavorare.*	*Kommst du mit heute Abend?* *Eigentlich müsste ich arbeiten.*

Und jetzt wollen wir wieder üben.

ÜBUNG 18 **Ergänzen Sie die folgenden Sätze mit dem Konditional I der in Klammer angegebenen Verben.**

1. *Io ________________ (abitare) volentieri in centro.*
2. *Mi ________________ (tu/dare) una sigaretta, per piacere?*
3. *Signor Merli, mi ________________ (fare) un favore?*
4. *Oggi ________________ (io/dormire) fino alle 11.00, ma non posso.*
5. *Io ________________ (volere) una birra fredda.*
6. *(tu/preferire) ________________ andare al mare o in montagna?*
7. *Al posto tuo ________________ (io/chiamare) il dottore.*
8. *Bambini, non ________________ (voi/dovere) mangiare tutte quelle patatine!*

8.3 Der Konditional II oder *Ich hätte die Wunderlampe gerne gehabt*

1 *Mi **sarebbe piaciuto** andare al mare con Luca.*	*Ich wäre gerne mit Luca ans Meer gefahren.*
2 *Ti **avrei telefonato** volentieri, ma il mio cellulare non funzionava!*	*Ich hätte dich gerne angerufen, aber mein Handy hat nicht funktioniert!*
3 *Non credo che **avrei fatto** in tempo ad arrivare.*	*Ich glaube nicht, dass ich es geschafft hätte, rechtzeitig zu kommen.*

Ja, ja, wie oft hätten wir gerne dies und das gemacht, oder wir hätten uns gewünscht, dass ... Das sind typische Situationen, in denen wir den Konditional II benötigen, denn der Konditional II wird verwendet, um Wünsche (**1**), Absichten (**2**) oder Zweifel (**3**) in der Vergangenheit auszudrücken.

8.4 Die Bildung des Konditionals II oder *Es wäre mein Wunsch gewesen*

Wie der Konditional II gebildet wird, haben Sie bestimmt schon erkannt: Konditional I von ***essere*** oder ***avere*** + Partizip.

Io sarei andato/-a.	*Ich wäre gegangen.*
Tu avresti fatto.	*Du hättest gemacht.*

9 Der Imperativ
oder
Befehle und Anweisungen erteilen

Beweg dich langsam, pass auf, geh nach links und jetzt spring!

Ihre Katze klettert nie auf Bäume? Na gut, aber Anweisungen oder Befehle anderer Art werden Sie trotzdem erteilen. Und dafür brauchen Sie den Imperativ oder die so genannte Befehlsform.

9.1 Die bejahte Form oder *Man soll ...*

Anweisungen, Befehle oder Aufforderungen können an eine Person (Du- bzw. Sie-Form) oder an mehrere Personen erteilt werden. Deshalb unterscheiden wir beim Imperativ eine Du-, eine Sie- und eine Ihr-Form.

Nehmen wir drei regelmäßige Verben – eins für jede Konjugation – und schauen wir, wie der Imperativ gebildet wird:

	tu (Du-Form)	***Lei*** (Sie-Form)	***voi*** (Ihr-Form)
-are	***Fuma** meno!*	***Fumi** meno!*	***Fumate** meno!*
-ere	***Prendi** un panino!*	***Prenda** un panino!*	***Prendete** un panino!*
-ire	***Apri** la finestra!*	***Apra** la finestra!*	***Aprite** la finestra!*
-ire	***Spedisci** la lettera!*	***Spedisca** la lettera!*	***Spedite** la lettera!*

An den Stamm ***(fum-, prend-, apr-, sped-)*** werden also folgende Endungen angehängt:

	tu (Du-Form)	***Lei*** (Sie-Form)	***voi*** (Ihr-Form)
-are	***-a***	***-i***	**-ate**
-ere	***-i***	***-a***	**-ete**
-ire	***-i***	***-a***	**-ite**

Bei den Verben auf ***-ire*** mit Stammerweiterung ***(-isc-)*** bleibt das ***-isc-*** bei der Du- und der Sie-Form erhalten.

! Wendet man sich in der Höflichkeitsform an mehrere Personen, wird meist die Ihr-Form gebraucht.

Entrate pure!	*Treten Sie (tretet) ruhig ein!*

Der Imperativ der Höflichkeitsform im Plural ***(loro)*** hat ebenfalls eine andere Form, die aber heutzutage nicht mehr so häufig verwendet wird. Die »***loro***-Form« würde bei unseren Verben so aussehen:

	Infinitiv	Imperativ
Fumino *meno!*	***-are***	***-ino***
Prendano *un panino!*	***-ere***	***-ano***
Aprano *pure la finestra!*	***-ire***	***-ano***
Spediscano *questi inviti!*		

Folgende Verben bilden den Imperativ zum Teil unregelmäßig:

	tu (Du-Form)	***Lei*** (Sie-Form)	***voi*** (Ihr-Form)
essere	***sii***	***sia***	***siate***
avere	***abbi***	***abbia***	***abbiate***
sapere	***sappi***	***sappia***	***sappiate***
fare	***fa'***	***faccia***	***fate***
dare	***da'***	***dia***	***date***
stare	***sta'***	***stia***	***state***
dire	***di'***	***dica***	***dite***
andare	***va'***	***vada***	***andate***
venire	***vieni***	***venga***	***venite***

Weitere unregelmäßige Formen finden Sie in der Verbtabelle im Anhang.

ÜBUNG 19 **Setzen Sie folgende Sätze in den Imperativ.**

1. Marco, ________________ (aprire) la finestra, per favore!

2. Signora Marini, ________________ (leggere) questo libro, è bellissimo!

3. Luisa, ________________ (dare) questo pullover a Stefania, per piacere!

4. Paolo, ________________ (scrivere) una cartolina a tua sorella!

5. Dottor Papini, mi ________________ (aspettare) nel mio ufficio!

6. Per favore, Marta, ________________ (chiudere) la porta!

9.2 Die verneinte Form oder *Man soll nicht …*

*Pippo, **non fumare** così tanto!*	*Pippo, rauch nicht so viel!*
*Signor Gallo, **non mangi** troppi grassi!*	*Herr Gallo, essen Sie nicht zu viel Fett!*
*Ragazzi, **non tornate** troppo tardi stasera!*	*Jungs, kommt nicht zu spät nach Hause!*

Sie sind weder Arzt noch haben Sie Kinder? Nun gut. Trotzdem werden Sie gelegentlich Befehle erteilen oder Vorschläge machen. Anhand der drei Beispiele haben Sie bestimmt bereits erkannt, wie man die verneinte Form des Imperativs bildet.

tu (Du-Form):	
non + Infinitiv	***Non fumare!***
Lei (Sie-Form):	
non + konjugierte Form	***Non apra** la finestra!*
voi (Ihr-Form):	
non + konjugierte Form	***Non tornate** tardi!*

9.3 Die Stellung der Pronomen beim Imperativ oder *Wohin mit mir und mich?*

Chiudila! Li prenda! Apritelo!

Non la chiudere! Non li prenda!

Non lo aprite! Non mangiarli! Si alzi!

Oh diese Pronomen! Ständig wechseln sie ihren Platz! Finden Sie sie in den obigen Sätzen wieder? Gewiss, es ist ziemlich verwirrend, aber mit Geduld und Spucke …

Bejahte Form

In der Du- und der Ihr-Form werden unbetonte Objektpronomen und Reflexivpronomen immer an den Imperativ angehängt:

Mangiali!	*Iss sie!*
Prendetelo!	*Nehmt es/ihn!*
Sbrigati!	*Beeil dich!*

! Beachten Sie: Werden unbetonte Objektpronomen sowie ***ci*** oder ***ne*** an die Du-Form folgender Verben angehängt, so verdoppeln sich deren Anfangskonsonanten (außer bei ***gli***):

andare	***vacci***	*geh hin*
dare	***dallo***	*gib es/ihn*
dire	***dillo***	*sag es*
fare	***falli***	*mach sie*

Hier einige Beispiele, die Ihnen zeigen, in welchen Situationen Sie diese Formen brauchen können:

Fammi un piacere/un favore!	*Tu mir einen Gefallen!*
Fammi vedere!	*Lass mich sehen!*
Dimmi ...!	*Sag mir ...!*
Dammi ...!	*Gib mir ...!*

In der Sie-Form stehen die Pronomen immer vor dem Verb.

Mi dica!	*Sagen Sie mir!*
Si sieda!	*Setzen Sie sich!*
Mi aiuti!	*Helfen Sie mir!*

Verneinte Form
In der Du- und der Ihr-Form können die Pronomen entweder vor dem Verb stehen oder an das Verb angehängt werden:

Non mangiarle!	***Non le mangiare!***
Non mangiatele!	***Non le mangiate!***

! Beachten Sie: Bei der Du-Form verliert der Infinitiv seinen Endvokal.

In der Sie-Form stehen die Pronomen immer vor dem Verb.

Non la apra!	***Non gli telefoni!***

Und jetzt ist wieder Zeit zu üben.

ÜBUNG 20 **Bilden Sie Imperativsätze nach dem vorgegebenen Beispiel. Achten Sie dabei auf die Stellung des Pronomens.**

	tu
aprire la finestra	***aprila***
comprare il giornale	______
non guardare la tv	______
leggere il libro	______
chiamare il medico	______
non alzarsi	______

▶

	Lei
aprire la finestra	***la apra***
comprare il giornale	______________
non guardare la tv	______________
leggere il libro	______________
chiamare il medico	______________
non alzarsi	______________
	voi
aprire la finestra	***apritela***
comprare il giornale	______________
non guardare la tv	______________
leggere il libro	______________
chiamare il medico	______________
non alzarsi	______________

10 Der Konjunktiv
oder
Wünsche, Gefühle, Meinungen äußern

Ich glaube, es ist besser nach links zu gehen.
Bist du sicher? Und der Konjunktiv?

Und Sie? Was meinen Sie? Möchten Sie auch lieber nach links gehen und den Konjunktiv »unentdeckt« lassen? Gewiss, er ist schwierig. Aber betrachten Sie ihn als weitere Etappe auf unserer Reise in die italienische Sprache, eine etwas anstrengendere Etappe zwar, aber ebenso wichtig wie alle anderen.

Der Konjunktiv hat vier Zeitstufen (immerhin einige weniger als der Indikativ!): Präsens, Perfekt, Imperfekt und Plusquamperfekt.

10.1 Der Konjunktiv Präsens oder *Ich glaube, es ist besser ...*

Fangen wir mit dem Präsens an und sehen wir uns zunächst am Beispiel von drei regelmäßigen Verben an, wie der Konjunktiv gebildet wird:

	parl**are**	prend**ere**	sent**ire**	fin**ire**
io	parl**i**	prend**a**	sent**a**	finisc**a**
tu	parl**i**	prend**a**	sent**a**	finisc**a**
lui, lei, Lei	parl**i**	prend**a**	sent**a**	finisc**a**
noi	parl**iamo**	prend**iamo**	sent**iamo**	fin**iamo**
voi	parl**iate**	prend**iate**	sent**iate**	fin**iate**
loro	parl**ino**	prend**ano**	sent**ano**	finisc**ano**

Wie immer haben wir bestimmte Endungen, die an den Verbstamm angehängt werden, z. B. für die 3. Person Plural → ***parl + ino*** usw.

Ein kleiner Trost: Im Singular ist der Konjunktiv für alle Personen gleich. Sie müssen also nur eine Form lernen. Noch ein »Bonbon«: Die 1. Person Plural ***(noi)*** des Konjunktivs und des Indikativs Präsens sind identisch: ***lavoriamo, prendiamo, sentiamo*** usw.

Bei den Verben auf ***-care*** und ***-gare*** wird vor dem ***i*** ein ***h*** eingefügt, aber das ist ja nichts Neues (siehe dazu: 5.1 Das Präsens).

Die Verben auf ***-iare*** haben nur ein ***i*** (das wissen Sie übrigens auch schon längst!).

Und hier einige Sonderformen:

	io, tu, lui, lei, Lei	***noi***	***voi***	***loro***
andare	***vada***	***andiamo***	***andiate***	***vadano***
dire	***dica***	***diciamo***	***diciate***	***dicano***
fare	***faccia***	***facciamo***	***facciate***	***facciano***
venire	***venga***	***veniamo***	***veniate***	***vengano***
volere	***voglia***	***vogliamo***	***vogliate***	***vogliano***

Als »Eselsbrücke« sollten Sie sich vielleicht merken, dass diese Formen von der 1. Person Singular des Indikativ (***vado, faccio, dico*** usw.) abgeleitet werden.

Weitere Sonderformen finden Sie in der Verbtabelle im Anhang.

Der Konjunktiv Präsens von ***essere*** und ***avere***:
Oder hatten Sie vielleicht erwartet, dass der Konjunktiv von ***essere*** und ***avere*** regelmäßig ist? Natürlich nicht …

	essere	***avere***
io	***sia***	***abbia***
tu	***sia***	***abbia***
lui, lei, Lei	***sia***	***abbia***
noi	***siamo***	***abbiamo***
voi	***siate***	***abbiate***
loro	***siano***	***abbiano***

ÜBUNG 21 **Setzen Sie folgende Sätze nach dem vorgegebenen Muster in den Konjunktiv.**

Forse Marta ha la febbre. Credo che Marta abbia la febbre.

1. *Forse Laura arriva tardi.*

   Credo che Laura ______________________________.

2. *Forse la signora Evergreen è inglese.*

   Penso che la signora Evergreen ______________________________.

3. *Forse i bambini non vanno ancora a scuola.*

   Credo che i bambini ______________________________.

4. *Forse tu sei stanco.*

   Penso che tu ______________________________.

5. *Forse voi lavorate troppo.*

   Credo che voi ______________________________.

10.2 Der Konjunktiv Imperfekt oder *Wenn ich nicht so müde wäre...*

Nun können Sie erst mal ruhig durchatmen, denn die meisten Verben bilden den Konjunktiv Imperfekt regelmäßig:

	*parl**are***	*prend**ere***	*sent**ire***	*fin**ire***
io	parl**assi**	prend**essi**	sent**issi**	fin**issi**
tu	parl**assi**	prend**essi**	sent**issi**	fin**issi**
lui, lei, Lei	parl**asse**	prend**esse**	sent**isse**	fin**isse**
noi	parl**assimo**	prend**essimo**	sent**issimo**	fin**issimo**
voi	parl**aste**	prend**este**	sent**iste**	fin**iste**
loro	parl**assero**	prend**essero**	sent**issero**	fin**issero**

Unregelmäßig ist das Verb ***essere***:

io	***fossi***	*noi*	***fossimo***
tu	***fossi***	*voi*	***foste***
lui, lei, Lei	***fosse***	*loro*	***fossero***

Das Verb ***avere*** ist in diesem Fall ganz regelmäßig (***avessi*** etc.)

Weitere unregelmäßige Formen finden Sie in der Verbtabelle im Anhang.

10.3 Der Konjunktiv Perfekt oder *Ich glaube, er ist mitgegangen*

Das ist nun wirklich einfach: Der Konjunktiv Perfekt wird nämlich mit dem Konjunktiv Präsens von ***essere*** und ***avere*** und dem Partizip des Hauptverbs gebildet:

*Io credo che Marco **sia uscito**.*	*Ich glaube, Marco ist ausgegangen.*
*Penso che **abbiano mangiato**.*	*Ich denke, sie haben gegessen.*

Und denken Sie bei den Verben, die mit ***essere*** gebildet werden, wie immer daran, das Partizip anzugleichen.

10.4 Der Konjunktiv Plusquamperfekt oder *Hätten wir doch gelernt!*

Der Konjunktiv Plusquamperfekt wird mit dem Konjunktiv Imperfekt von ***essere*** und ***avere*** und dem Partizip des Hauptverbs gebildet:

Non sapevo che Luca **fosse** già **partito**.	*Ich wusste nicht, dass Luca schon abgefahren war.*
Pensavi che **avessi** già **mangiato**?	*Dachtest du, ich hätte schon gegessen?*

10.5 Der Gebrauch des Konjunktivs oder *Es freut mich sehr und es tut mir Leid*

Nach so viel Theorie wollen wir uns nun einmal ansehen, wann, besser gesagt in welchen Situationen, wir den Konjunktiv brauchen. Dazu zunächst ein paar Beispiele:

Hauptsatz	Nebensatz
1 ***Io trovo***	*che Barbara **sia** una donna molto intelligente.*
Ich finde,	*dass Barbara eine sehr intelligente Frau ist.*
2 ***Temo***	*che tu **abbia bevuto** troppo vino.*
Ich fürchte,	*dass du zu viel Wein getrunken hast.*
3 ***Spero***	*che domani **faccia** bel tempo.*
Ich hoffe,	*dass morgen schönes Wetter ist.*
4 ***Non sono sicura***	*che Fabio **superi** l'esame.*
Ich bin nicht sicher,	*ob Fabio die Prüfung besteht.*
5 ***È importante***	*che tu **legga** questo articolo.*
Es ist wichtig,	*dass du diesen Artikel liest.*

Wie Sie sicher gemerkt haben, wird der Konjunktiv meistens in Nebensätzen verwendet, die mit ***che*** (dass) eingeleitet werden.

Als Hauptregel könnte man allgemein sagen, der Konjunktiv wird verwendet um eine **subjektive Meinung** bzw. ein **Gefühl** über eine dritte Person oder eine Angelegenheit auszudrücken. Wenn Sie sich die Beispiele noch einmal genau ansehen, werden Sie immer ein Merkmal dafür finden (*ich finde, dass – ich glaube, dass – ich fürchte, dass* usw.). Die Subjekte von Haupt- und Nebensatz sind dabei verschieden. Sind die Subjekte des Haupt- und Nebensatzes gleich, dann verwendet man die Form ***di*** + Infinitiv:

Penso di partire domenica.	*Ich glaube, ich werde am Sonntag fahren*

Für den Gebrauch des Konjunktivs merken Sie sich am besten folgende Grundregeln:

- Der Konjunktiv steht nach Verben und Wendungen, die eine **persönliche Meinung** (**1**), ein **Gefühl** (**2**), eine **Hoffnung** (**3**) oder **Unsicherheit** (**4**) ausdrücken.

Der Konjunktiv steht deshalb immer nach Wendungen wie:

credo che/penso che/trovo che	*ich glaube/denke/finde, dass*
mi dispiace che	*es tut mir Leid, dass*
mi fa piacere che	*es freut mich, dass*
mi sembra che	*es scheint mir, dass*
spero che	*ich hoffe, dass*
non so se	*ich weiss nicht, ob*

! Nach den Ausdrücken ***secondo me*** *(meiner Meinung nach)* oder ***per me*** *(für mich)* steht kein Konjunktiv.

- Der Konjunktiv steht nach unpersönlichen Ausdrücken (**5**) wie:

è necessario/importante che	*es ist notwendig/wichtig, dass*
è meglio/possibile che	*es ist besser/möglich, dass*

10.6 Die Zeitenfolge im Konjunktiv oder *Vorzeitig, gleichzeitig oder nachzeitig?*

Die nächste – nicht weniger wichtige – Frage ist: Wann verwenden wir welche Zeitstufe?

Dazu sollten Sie zunächst prüfen, in welchem Zeitverhältnis der Nebensatz zum Hauptsatz steht.

Verb des Hauptsatzes im	Verb des Nebensatzes im
Indikativ Präsens	Konjunktiv Präsens
Penso	***che arrivi alle 7.00.*** *(fra poco/ domani)*
Ich denke,	*dass er um 7 Uhr kommt. (bald/ morgen)*

Verb des Hauptsatzes im	Verb des Nebensatzes im
Indikativ Präsens	Konjunktiv Perfekt
Credo	***che sia arrivato*** *ieri.*
Ich glaube,	*er ist gestern angekommen.*

Steht das Verb im Hauptsatz im Indikativ Präsens, drückt

- der Konjunktiv Präsens im Nebensatz eine im Vergleich zum Hauptsatz **gleichzeitige** oder **nachzeitige** Handlung aus;
- der Konjunktiv Perfekt im Nebensatz eine im Vergleich zum Hauptsatz **vorzeitige** Handlung aus.

Verb des Hauptsatzes in einer Zeit der Vergangenheit	Verb des Nebensatzes im Konjunktiv Imperfekt
1 ***Paolo credeva*** *Paolo glaubte,*	***che fossi sola.*** *ich wäre alleine.*
2 ***Lei temeva*** *Sie befürchtete,*	***che non arrivassi.*** *ich würde nicht kommen.*

Verb des Hauptsatzes in einer Zeit der Vergangenheit	Verb des Nebensatzes im Konjunktiv Plusquamperfekt
3 ***Credevo*** *Ich glaubte,*	***che fosse arrivato** ieri.* *er wäre gestern angekommen.*

Steht das Verb im Hauptsatz in einer Zeit der Vergangenheit, drückt

- der Konjunktiv Imperfekt im Nebensatz eine im Vergleich zum Hauptsatz **gleichzeitige** (**1**) oder **nachzeitige** (**2**) Handlung aus.
- der Konjunktiv Plusquamperfekt im Nebensatz eine im Vergleich zum Hauptsatz **vorzeitige** Handlung (**3**) aus.

11 Der Bedingungssatz
oder
Bedingungen, Voraussetzungen und Folgen ausdrücken

Was passiert, wenn … Und was wäre, wenn das passiert … Wer von uns stellt solche Überlegungen nicht an. Die Grammatik kennt eine ganze Reihe solcher Wenn-Sätze, welche auch als Bedingungssätze bezeichnet werden. Wenn ein Aspekt, an den eine Bedingung geknüpft ist, ausgedrückt werden soll, besteht der Satz immer aus zwei Teilen: einem Hauptsatz, in dem das Geschehen geschildert wird, und einem Nebensatz, in dem die Bedingung für dieses Geschehen (die Folge) genannt wird.

Wie im Deutschen gibt es auch im Italienischen drei Arten von Bedingungssätzen, je nachdem, ob Bedingung und Folge erfüllbar (der reale Bedingungssatz), schwer erfüllbar, d. h. Bedingung und Folge sind möglich, aber nicht sehr wahrscheinlich (der potenzielle Bedingungssatz), oder nicht mehr realisierbar sind (der irreale Bedingungssatz), da sie die Vergangenheit betreffen.

11.1 Der reale Bedingungssatz
oder *Durchaus realisierbar*

Wenn Sie nicht stehen bleiben, kriegen Sie einen Strafzettel von mir.

Bei dieser Art von Sätzen sind sowohl die Bedingung als auch die Folge **konkret** und **realisierbar**, d. h. wir bewegen uns noch im Bereich des Möglichen. Als Zeitformen verwendet man:

Verb des Nebensatzes	Verb des Hauptsatzes
se + Indikativ Präsens	Indikativ Präsens
Se ***piove***, *Wenn es regnet,*	***resto*** a casa. *bleibe ich zu Hause.*

oder

se + Indikativ Präsens	Futur I
Se ***studi*** tanto, *Wenn du viel lernst,*	***passerai*** l'esame. *wirst du die Prüfung bestehen.*

11.2 Der potenzielle Bedingungssatz oder *Eventuell möglich*

Wenn ich mehr verdienen würde, würde ich mir ein neues Auto kaufen.

Es tut uns zwar Leid für unseren Carabiniere, aber es ist sehr unwahrscheinlich, dass er sich ein neues Auto kaufen kann. Klar, er könnte im Lotto gewinnen, aber … Deshalb wird in diesem Fall der **potenzielle Bedingungssatz** verwendet, denn beim potenziellen Wenn-Satz ist es möglich, aber **nicht sehr wahrscheinlich**, dass sich die Bedingung erfüllt (in unserem Beispiel, dass der Carabiniere mehr verdient).

Als Zeitformen verwendet man:

Verb des Nebensatzes	Verb des Hauptsatzes
se + Konjunktiv Imperfekt	Konditional I
*Se **mangiassi** di meno,* *Wenn du weniger essen würdest,*	***dimagriresti**.* *würdest du abnehmen.*

ÜBUNG 22 Bilden Sie Sätze nach dem vorgegebenen Muster.

Se – io – avere più soldi – comprare una casa nuova.
Se io avessi più soldi, comprerei una casa nuova.

1. *Se – Marco – studiare di più – superare l'esame.*

____

____

2. *Se – i bambini – andare a letto prima – non essere così stanchi.*

____

____

3. *Se – tu – arrivare in tempo – noi potere andare a teatro.*

____

____

4. *Se – voi – avere più soldi – potere comprare una macchina nuova.*

____

11.3 Der irreale Bedingungssatz oder *Leider zu spät*

Wenn wir früher losgefahren wären, wäre nicht so viel Verkehr gewesen!

»Zu spät!«, könnte man bei diesen Beispielen sagen. Denn beim irrealen Bedingungssatz ist die Bedingung **nicht mehr realisierbar**.

Als Zeitformen verwendet man:

Verb des Nebensatzes	Verb des Hauptsatzes
se + Konjunktiv Plusquamperfekt	Konditional I
Se **fossi andata** con Franco, *Wenn ich mit Franco gegangen wäre,*	non mi **sentirei** così sola! *würde ich mich nicht so einsam fühlen.*

Verb des Nebensatzes	Verb des Hauptsatzes
se + Konjunktiv Plusquamperfekt	Konditional II
Se mi **avessi chiamato** prima, *Wenn du mich früher angerufen hättest,*	**saresti potuto** venire al mare con me. *hättest du mit mir ans Meer kommen können.*

Ob wir den Konditional I oder II verwenden, hängt davon ab, ob die Folge noch in die Gegenwart hineinwirkt oder sich auf die Vergangenheit bezieht.

ÜBUNG 23 **Wandeln Sie folgende Sätze nach dem vorgegebenen Muster in Bedingungssätze um.**

Non sono venuto, perché ho lavorato fino alle 22.00.
Se non avessi lavorato fino alle 22.00, sarei venuto.

1. *Non ho fatto colazione perché mi sono alzato tardi.*

____

____

2. *Non sono partito perché la macchina si è rotta.*

____

____

3. *Non siamo andati al mare perché il bambino stava male.*

____

____

4. *Non sono uscita perché ero stanca.*

____

____

12 Die indirekte Rede

oder

Aussagen Dritter wiedergeben

Ja, er hat mir gesagt, dass ...
Franco hat mich gefragt, ob ...
Sie haben mir erzählt, dass ...

Über andere reden – das tun nicht nur Frauen gern! In diesem Kapitel soll aber nicht geklatscht werden, sondern wir wollen lernen, wie man die Aussagen anderer wiedergeben kann. Ob es sich dabei um Klatsch handelt, entscheiden Sie am besten selbst!

Beim Wechsel von der direkten in die indirekte Rede ist allerdings einiges zu beachten. Da ist zunächst einmal die Zeitform des Einführungssatzes (z. B. er sagt, dass/er hat erzählt, dass ...):

Ich will nicht mehr hier arbeiten!

Und was wirst du machen?

Carlo sagt, er will nicht mehr hier arbeiten.
Und Luca fragt ihn, was er machen wird.

Wie Sie sehen, wird die indirekte Rede meistens durch ***che*** eingeleitet. Nur eine indirekte Frage wird durch ***se*** eingeleitet.

Steht der Einführungssatz im Präsens oder gibt man gleichzeitig das Gesagte wieder wie oben der Lauscher an der Tür, verwendet man in der indirekten Rede die gleiche Zeit wie in der direkten.

Steht das Verb des Einführungssatzes in der Vergangenheit, so ergeben sich folgende Möglichkeiten:

Direkte Rede:

1 *Ha detto: »**Sono** stanco, **vado** a casa.«*
Er sagte: »Ich bin müde, ich gehe nach Hause.«

Indirekte Rede:

*Ha detto che **era** stanco e che **andava** a casa.*
Er sagte, er sei müde und gehe nach Hause.

Direkte Rede:

2 *Ha detto: »Finalmente* ***ho capito*** *come si* ***usa*** *il programma!«*
Er sagte: »Endlich habe ich verstanden, wie man das Programm benutzt!«

Indirekte Rede:

Ha detto che finalmente ***aveva capito*** *come si* ***usava*** *il programma.*
Er sagte, er habe endlich verstanden, wie man das Programm benutze.

Direkte Rede:

3 *Ha detto: »Non* ***verrò*** *al cinema con* ***voi.«***
Er sagte: »Ich werde nicht mit euch ins Kino gehen.«

Indirekte Rede:

Ha detto che non ***sarebbe andato*** *al cinema con* ***loro.***
Er sagte, er werde nicht mit ihnen ins Kino gehen.

Direkte Rede:

4 *Ha detto: »****Mi piacerebbe*** *cambiare lavoro.«*
Er sagte: »Ich würde gern den Job wechseln.«

Indirekte Rede:

Ha detto che ***gli sarebbe piaciuto*** *cambiare lavoro.*
Er sagte, er würde gern den Job wechseln.

Das ist wirklich nicht einfach! Aber vielleicht hilft Ihnen die folgende Übersicht:

Direkte Rede		Indirekte Rede
1 Präsens	→	Imperfekt
2 Perfekt	→	Plusquamperfekt
3 Futur	→	Konditional II
4 Konditional I	→	Konditional II

Unverändert bleiben das Imperfekt und das Plusquamperfekt.

Beim Imperativ gilt folgende Regel:

Direkte Rede	Indirekte Rede
5 *Ha detto: »**Chiudi** la finestra!«* *Er hat gesagt: »Mach das Fenster zu!«*	*Ha detto **di chiudere** la finestra.* *Er hat gesagt, ich solle das Fenster zumachen.*

Direkte Rede		Indirekte Rede
5 **Imperativ**	→	***di*** + **Infinitiv**

! Beachten Sie auch, dass sich beim Wechsel von der direkten zur indirekten Rede die Pronomen ändern. Hier einige Beispiele:

Direkte Rede		Indirekte Rede
io	→	*lui, lei*
mio	→	*suo*
questo (dies)	→	*quello (jenes)*
qui/qua (hier)	→	*lì/là (dort)*
ieri (gestern)	→	*il giorno prima (am Tag davor)*
domani (morgen)	→	*il giorno dopo (am Tag danach)*

ÜBUNG 24 **Und nun versuchen Sie, folgende Sätze in die indirekte Rede zu setzen.**

1. *Marco ha detto: »Lavoro fino alle 20.00.«*

2. *Luisa mi ha detto: »Domani andrò al cinema.«*

3. *Barbara mi ha raccontato: »L'anno scorso ho fatto un corso di tedesco.«*

4. *Paolo dice: »Stasera esco con i miei amici.«*

13 Das Passiv
oder
Das Objekt hervorheben

Bloß nicht »passiv« werden jetzt! Denn für das Passiv brauchen Sie Ihre ganze – »aktive« – Aufmerksamkeit.
Zunächst wollen wir uns fragen, was einen Aktiv- von einem Passivsatz unterscheidet.

Aktiv:

Oggi ***i giovani*** usano spesso ***la posta elettronica***.	*Heutzutage benutzen die Jugendlichen oft die elektronische Post.*

Passiv:

Oggi ***la posta elettronica*** è usata spesso ***dai giovani***.	*Heutzutage wird von den Jugendlichen oft die elektronische Post verwendet.*

Wie Sie an den beiden Sätzen sehen können, konzentriert sich die »Aufmerksamkeit« im Aktivsatz auf den »Täter«, im Passivsatz hingegen auf das »Objekt«. Aus diesem Grund kann das Passiv nur bei transitiven Verben (Verben mit einem Akkusativobjekt) gebildet werden.

13.1 Die Bildung des Passivs bei einfachen Zeiten oder *Die Perspektive wird verändert*

Il corso di cucina è organizzato dal signor Michele.
Der Kochkurs wird von Herrn Michele organisiert.

*Alla fine del corso **sarà rilasciato** un diploma.*	*Am Ende des Kurses wird ein Zeugnis vergeben werden.*

Bei den einfachen Zeiten (Präsens, Futur) wird das Passiv mit der entsprechenden Zeitform von ***essere*** + Partizip Perfekt des Hauptverbs gebildet. Das Partizip stimmt in Zahl und Geschlecht mit dem Substantiv überein, auf das es sich bezieht *(il cors**o** → organizzat**o**).*

Zur Veranschaulichung hier die beiden obigen Beispiele noch einmal in der Aktivform:

*Il signor Michele **organizza** un corso di cucina.* (Präsens)
*Alla fine del corso la scuola **rilascerà** un diploma.* (Futur)

	Aktiv		Passiv
Präsens:	***organizza***	→	***è** organizzato*
Futur:	***rilascerà***	→	***sarà** rilasciato*

Beachten Sie: Bei den einfachen Zeiten kann das Passiv statt mit ***essere*** auch mit ***venire*** (kommen) gebildet werden. Wir könnten also z. B. auch sagen:

*Il corso di cucina **viene organizzato** dal signor Michele.*
*Alla fine del corso **verrà rilasciato** un diploma.*

Das deutsche *von* bzw. *durch* wird mit ***da*** (wenn kein Eigenname folgt + bestimmter Artikel) wiedergegeben:

*Il corso è organizzato **da** Michele.*
*Il corso è organizzato **dalla** scuola.*

Ist der »Täter« unwichtig, unbekannt oder wurde er bereits genannt, wird er im Passivsatz ignoriert:

Alla fine del corso sarà/verrà rilasciato un diploma.

13.2 Die Bildung des Passivs bei zusammengesetzten Zeiten oder *Die Perspektive ist verändert worden*

Ah, Michele ... das Fest ist auf nächste Woche verschoben worden.

Bei den zusammengesetzten Zeiten (Perfekt, Plusquamperfekt usw.) wird das Passiv mit der entsprechenden Zeitform von ***essere*** (und hier nur ***essere***) + Partizip des Hauptverbs gebildet. Auch hier stimmt das Partizip in Zahl und Geschlecht mit dem Substantiv überein, auf das es sich bezieht *(fest**a** → rimandat**a**)*.

In der Aktivform sieht unser Beispielsatz so aus:

*Il capo **ha rimandato** la festa alla prossima settimana.*	*Der Chef hat das Fest auf nächste Woche verschoben.*

	Aktiv		Passiv
Perfekt:	***ha rimandato***	→	***è stata rimandata***

13.3 Der Gebrauch des Passivs oder *Wenn Objekte wichtiger werden als Subjekte*

Wie bereits erwähnt, wird das Passiv gebraucht, wenn sich die Aufmerksamkeit des Sprechers vor allem auf das Objekt richtet und weniger auf das aktive Subjekt. Im Allgemeinen verwendet man das Passiv im Italienischen eher in der Schriftsprache (oft in Zeitungen).

ÜBUNG 25 **Setzen Sie folgende Sätze ins Passiv.**

1. *La ditta ha dato un indirizzo di posta elettronica a tutti i dipendenti.*

   A tutti i dipendenti ____________________

   ____

2. *Marco organizzerà la gita a Firenze.*

   La gita a Firenze ____________________

   ____

3. *Caterina organizza la festa per i bambini.*

   La festa per i bambini ____________________

   ____

4. *Quando sono arrivato avevano già preso la bicicletta.*

   Quando sono arrivato la bicicletta ____________________

   ____

14 Unpersönliche Formen oder Wer handelt hier eigentlich?

Was ist das eigentlich, eine unpersönliche Form? Es bedeutet, dass im Satz kein Subjekt genannt wird, das heißt wir wissen nicht, wer die Handlung ausführt.

14.1 Die *si*-Form oder *Man nehme ...*

Die so genannte ***si***-Form ist eine der wichtigsten und am häufigsten gebrauchten unpersönlichen Formen und entspricht dem deutschen *man*. Allerdings gibt es auch hier ein paar Unterschiede.

Verwendet wird die ***si***-Form in Anweisungen (etwa in Rezepten) oder wenn man ganz allgemein über etwas spricht:

Si prendono *le cipolle,* ***si tagliano*** *e poi* ***si mettono*** *in padella.* ***Si mescola*** *tutto e poi ...*	*Man nehme die Zwiebeln, schneide sie und gebe sie in die Pfanne. Dann mische man alles und dann ...*

In questo ristorante ***si mangia*** *benissimo.*	*In diesem Restaurant isst man sehr gut.*

Wie Sie an den Beispielen sehen, richtet sich das Verb – anders als im Deutschen – nach dem Objekt:

si mescola	→	***tutto*** (Sing.)
si tagliano	→	***le cipolle*** (Plur.)

Die ***si***-Form wird sehr oft in der Alltagssprache verwendet.

Und hier noch eine kleine Übung:

ÜBUNG 26 **Ergänzen Sie folgende Sätze mit der richtigen Form der in Klammer angegebenen Verben.**

1. *In questo negozio si ______________ (parlare) anche l'inglese.*
2. *A Napoli si ______________ (mangiare) la pizza migliore.*
3. *I biglietti si ______________ (comprare) in edicola.*
4. *A Bolzano si ______________ (parlare) due lingue: l'italiano e il tedesco.*

14.2 Die 3. Person Plural oder *Man sagt ...*

Das deutsche *man* kann – neben der ***si***-Form – im Italienischen auch durch die 3. Person Plural wiedergegeben werden:

Dicono *che pioverà.*	*Man sagt, dass es regnen wird.*

14.3 Weitere unpersönliche Formen oder *Man muss ...*

Sehr häufig wird auch die Konstruktion ***bisogna*** + **Infinitiv** verwendet.

Damit drückt man aus, dass etwas gemacht werden muss oder notwendig ist. Diese Form wird stets ohne Subjekt verwendet und bleibt unverändert.

Prima di salire sull'autobus ***bisogna comprare*** *il biglietto.*	*Bevor man in den Bus steigt, muss man sich eine Fahrkarte kaufen.*

15 Die Präpositionen oder Auf, über, für & Co.

Präpositionen? Was ist das eigentlich? Stellen Sie sich vor, die Sprache sei ein Puzzle, das aus verschiedenen Teilen besteht, und das, was diese Teile miteinander verbindet, sind eben die Präpositionen.

So ergeben diese »Puzzleteile« keinen sinnvollen Satz. Versuchen wir deshalb jetzt, die verschiedenen »Teile« durch Präpositionen miteinander zu verbinden:

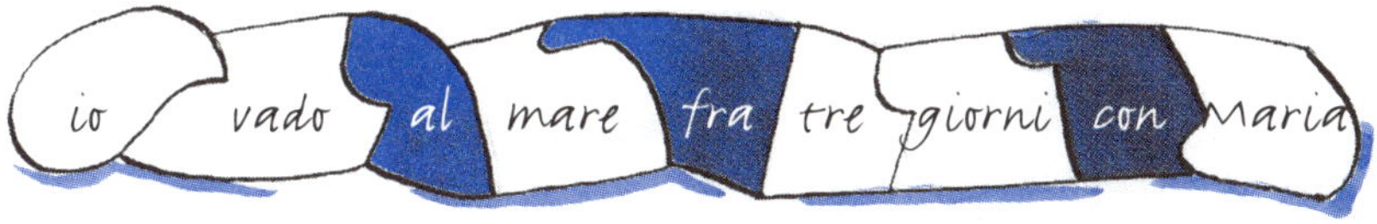

Io vado al mare fra tre giorni con Maria.
***In** drei Tagen fahre ich **mit** Maria **ans** Meer.*

Und schon haben wir einen sinnvollen Satz!

So weit, so gut … Was uns Schwierigkeiten bereiten kann, ist die richtige Anwendung der verschiedenen Präpositionen. Das ist im Italienischen gar nicht so einfach, denn es gibt kaum allgemein gültige Regeln. Aber wir lassen uns deshalb nicht entmutigen und sehen uns gleich einmal an, **wann** wir **welche** Präposition verwenden. Je mehr Sie damit arbeiten, desto geschickter werden Sie …

15.1 Orts- und Richtungsangaben oder *Wo und wohin?*

Sono/vado **al** mare.	*Ich bin **am** Meer./Ich fahre **ans** Meer.*
Sono/vado **in** banca.	*Ich bin **in** der Bank./Ich gehe **zur** Bank.*
Sono/vado **a** casa.	*Ich bin **zu** Hause./Ich gehe **nach** Hause.*
Sono/vado **a** teatro.	*Ich bin **im** Theater./Ich gehe **ins** Theater.*
Sono/vado **al** mercato.	*Ich bin **auf dem** Markt./Ich gehe **auf den** Markt.*
Sono/vado **all'**ospedale.	*Ich bin **im** Krankenhaus./Ich gehe **ins** Krankenhaus.*

I D Wenn Sie das Italienische und das Deutsche vergleichen, werden Sie feststellen, dass man im Italienischen keinen Unterschied zwischen Orts- und Richtungsangaben macht. Die Präposition ist immer die gleiche, egal ob Sie sich an einem bestimmten Ort befinden oder ob Sie dorthin gehen bzw. fahren.

Die beiden häufigsten Präpositionen, die im Italienischen ein **Wo** oder **Wohin** bezeichnen, sind ***in*** und ***a***.

Die Präposition ***a*** wird immer verwendet

- vor Namen von Städten und kleinen Inseln:

*Sono/vado **a** Venezia.*	*Ich bin **in** Venedig./ Ich fahre **nach** Venedig.*
*Sono/vado **a** Capri.*	*Ich bin **auf** Capri./ Ich fahre **nach** Capri.*

Andere feste Regeln gibt es leider nicht. Lernen Sie deshalb bei den Substantiven am besten immer gleich die passende Präposition mit. Hier einige häufig gebrauchte Orts- und Richtungsangaben:

Sono/vado:	
***al** lago, **al** mare,*	*See, Meer*
***al** cinema, **all'**opera, **al** museo*	*Kino, Oper, Museum*
***al** ristorante, **al** bar*	*Restaurant, Bar*
***a** scuola, **all'**università*	*Schule, Universität*

Die Präposition ***in*** wird verwendet

- vor Länder- und Regionennamen:

*Sono/vado **in** Italia.*	*Ich bin **in** Italien./ Ich fahre **nach** Italien.*
*Sono/vado **in** Umbria.*	*Ich bin **in** Umbrien./ Ich fahre **nach** Umbrien.*
*Sono/vado **negli** Stati Uniti.**	*Ich bin **in den** USA./ Ich fahre **in die** USA.*

* Bei Länder- oder Regionennamen im Plural verwendet man ***in*** mit dem bestimmten Artikel (z. B. ***in*** + ***gli*** = ***negli***).

Weitere Orts- und Richtungsangaben mit der Präposition ***in***:

Sono/vado:	
***in** campagna, **in** montagna*	*Land, Berge*
***in** pizzeria, **in** centro*	*Pizzeria, Zentrum*
***in** ufficio*	*Büro*
***in** banca*	*Bank*

Angenommen Sie wollen zu jemandem gehen oder Sie sind bei jemandem, dann brauchen Sie als Orts- bzw. Richtungsangabe eine andere Präposition, nämlich ***da***:

Vado/sono ***da*** *Maria.*	*Ich gehe* ***zu*** *Maria./ Ich bin* ***bei*** *Maria.*
Vado/sono ***dalla*** *nonna.*	*Ich gehe* ***zur*** *Oma./ Ich bin* ***bei*** *der Oma.*
Vado/sono ***dal*** *panettiere.*	*Ich gehe* ***zum*** *Bäcker./ Ich bin* ***beim*** *Bäcker.*

! Bei Eigennamen steht die Präposition ohne Artikel.

ÜBUNG 27 **Ergänzen Sie die folgenden Sätze mit der passenden Präposition.**

1. *Domani andiamo ______ Milano.*
2. *Franco è ______ ufficio.*
3. *Stasera andiamo ______ cinema, vuoi venire?*
4. *Quest'anno andiamo ______ Piemonte.*
5. *Sei già stata ______ Austria?*
6. *Volete venire ______ montagna domenica?*
7. *Vuoi andare ______ mare o ______ campagna?*
8. *Domenica vado ______ Luigi e Gabriella.*

15.2 Weitere Präpositionen zur Ortsangabe oder *Oben, unten oder dazwischen?*

Das ***telefonino*** (Handy) unseres Carabiniere ist plötzlich verschwunden (und Sie wissen, wie sehr die Italiener ihre ***telefonini*** lieben!). Wo hat er es liegen lassen?

su	*auf*	**Sul** tavolo?	*Auf dem Tisch?*
sotto	*unter*	**Sotto** il divano?	*Unter dem Sofa?*
accanto a	*neben*	**Accanto al** telefono?	*Neben dem Telefon?*
dietro (a)	*hinter*	**Dietro** l'armadio?	*Hinter dem Schrank?*
in	*in*	**Nel** cassetto?	*In der Schublade?*
tra	*zwischen*	**Tra** i cuscini?	*Zwischen den Kissen?*

Endlich hat er sein Handy wiedergefunden und kann in Ruhe ***davanti al cinema*** *(vor dem Kino)* telefonieren und seinen Freunden sagen, dass er ***di fronte alla pizzeria*** *(gegenüber der Pizzeria)* auf sie wartet.

! Wie Sie vielleicht gemerkt haben, gibt es eine Reihe »doppelter Präpositionen«:

accanto a, vicino a, davanti a, di fronte a

Die Präposition ***a*** ist hier unerlässlich und verschmilzt meistens mit dem folgenden bestimmten Artikel (siehe 15.4, Präpositionen + bestimmter Artikel).

15.3 Zeitangaben oder *Wann war das?*

Wann sind Sie gefahren? Um wie viel Uhr? Wann reisen Sie ab? Schauen wir uns an, wie man auf solche Fragen antworten kann.

Hier die wichtigsten Präpositionen zur Zeitangabe auf einen Blick:

a	*um*	Mi sveglio **alle** 7.00. *Ich wache um 7 Uhr auf.*
fa*	*vor*	Sono arrivato un mese **fa**. *Ich bin vor einem Monat angekommen.*
fra/tra	*in*	Arriva **fra** due giorni. *Er kommt in zwei Tagen.*
da	*seit/von/ab*	Lavoro qui **da** un anno. *Ich arbeite seit einem Jahr hier.*
fino a	*bis*	Resto **fino alle** tre. *Ich bleibe bis drei Uhr.*
in	*in*	**In** inverno mi piace sciare. *Im Winter fahre ich gerne Ski.*
dopo	*nach*	**Dopo** la scuola vado a casa. *Nach der Schule gehe ich nach Hause.*
durante	*während*	**Durante** il viaggio ho letto un libro. *Während der Fahrt habe ich ein Buch gelesen.*
verso	*gegen*	Arrivo **verso** le sei. *Ich komme gegen sechs.*
per	*für*	Resto **per** una settimana. *Ich bleibe (für) eine Woche.*

* Beachten Sie: **fa** steht immer nach der Zeitangabe.

Die Präposition ***a*** ist bei Uhrzeitangaben sehr wichtig. Und beachten Sie: Normalerweise steht ***a*** mit Artikel, aber nicht bei ***mezzanotte*** und ***mezzogiorno***:

***alle** tre e un quarto*

***alle** sei*

***all'**una*

***a** mezzogiorno/mezzanotte*

Mit der Präposition ***in*** (mit oder ohne Artikel) können Sie z. B. angeben,

- wann Sie geboren sind:

*Sono nato **nel** 1973.*	*Ich bin 1973 geboren.*

- oder in welcher Jahreszeit Sie etwas machen:

***In** inverno scio spesso.*	*Im Winter fahre ich oft Ski.*

ÜBUNG 28

Beantworten Sie die folgenden Fragen mit den italienischen Entsprechungen der angegebenen Präpositionen.

1. Quando parti?	*(in)*	*______ due settimane.*
2. Quando sei arrivato?	*(vor)*	*Due ore ______.*
3. Quando vai in vacanza?	*(in)*	*______ una settimana.*
4. Quando vai in montagna?	*(in)*	*______ autunno.*
5. Da quanto tempo vivi qui?	*(seit)*	*______ quattro anni.*

15.4 Präpositionen + bestimmter Artikel oder *Zum, zur oder ins?*

Sicher ist Ihnen aufgefallen, dass einige Präpositionen mit dem nachstehenden bestimmten Artikel verschmelzen: ***al*** *bar,* ***all'****opera,* ***nel*** *1999* usw.

Das geschieht im Italienischen fast immer bei folgenden Präpositionen:

di, a, da, in, su

Hier eine Übersicht der Verbindungen:

	il	***l'***	***lo***	***la***	***i***	***gli***	***le***
di	*del*	*dell'*	*dello*	*della*	*dei*	*degli*	*delle*
a	*al*	*all'*	*allo*	*alla*	*ai*	*agli*	*alle*
da	*dal*	*dall'*	*dallo*	*dalla*	*dai*	*dagli*	*dalle*
in	*nel*	*nell'*	*nello*	*nella*	*nei*	*negli*	*nelle*
su	*sul*	*sull'*	*sullo*	*sulla*	*sui*	*sugli*	*sulle*

Mit der Präposition ***di*** + Artikel können Sie im Italienischen eine unbestimmte Zahl angeben. Angenommen Sie wollen auf einem italienischen Markt einkaufen, wissen aber nicht genau, wie viel Sie von einem bestimmten Produkt kaufen möchten. Dann können Sie sagen:

Vorrei ***dei*** *carciofi.*	*Ich möchte einige Artischocken.*
Mi dia ***delle*** *melanzane.*	*Geben Sie mir ein paar Auberginen.*
Vorrei ***del*** *formaggio.*	*Ich möchte etwas Käse.*

ÜBUNG 29 **Ergänzen Sie die folgenden Sätze mit der passenden Präposition + bestimmter Artikel.**

1. *Il cinema è di fronte ________ opera. (l')*
2. *Ti aspetto davanti ________ banca. (la)*
3. *Devo andare ________ dottore. (il)*
4. *Buongiorno, vorrei ________ patate. (le)*
5. *Il mio ufficio è accanto ________ giardini. (i)*
6. *Il tuo telefonino è ________ cassetto. (il)*
7. *Domani lavoro fino ________ nove. (le)*
8. *Devo comprare ancora ________ pomodori. (i)*

15.5 Sonstige Präpositionen oder *Ohne die geht es auch nicht*

Hier noch eine Reihe weiterer wichtiger Präpositionen:

con	*mit*	Vengo **con** te. *Ich komme mit dir.*
contro	*gegen*	Il Milan gioca **contro** la Roma. *Milan spielt gegen AS Rom.*
di	*aus, von*	Questo pullover è **di** lana. *Dieser Pullover ist aus Wolle.*
		Questo pullover è **di** Pino. *Das ist der Pullover von Pino.*
entro	*bis, innerhalb*	Arrivo **entro** le sette. *Ich komme bis sieben Uhr.*
fuori	*außerhalb*	Abito **fuori** città. *Ich wohne außerhalb der Stadt.*

senza	*ohne*	Un gelato **senza** panna, per favore. *Ein Eis ohne Sahne bitte.*
tranne	*außer*	Vengono tutti **tranne** Lisa. *Es kommen alle außer Lisa.*

15.6 Verben mit Präpositionen oder *Machen wir weiter oder hören wir auf?*

Dai, smetti di dormire! Andiamo a mangiare una pizza!
Komm, hör auf zu schlafen! Gehen wir Pizza essen!

Ma sono stanco e poi non ho voglia di mangiare!
Aber ich bin müde und außerdem habe ich keine Lust zu essen!

Im Italienischen gibt es einige Verben, die den Infinitiv mit der Präposition ***a*** oder ***di*** anschließen.

Auf der nächsten Seite folgt ein Überblick.

Verben, die den Infinitiv mit ***a*** anschließen:

andare a *(gehen)*
Domani non vado a lavorare. — *Morgen gehe ich nicht arbeiten.*

cominciare a *(mit etwas anfangen)*
Comincio a studiare domani. — *Ich fange morgen zu lernen an.*

continuare a *(etwas fortsetzen)*
Continua a mangiare! — *Iss weiter!*

imparare a *(etwas lernen)*
Luisa impara a suonare il violino. — *Luisa lernt Geige spielen.*

riuscire a *(etwas schaffen, gelingen)*
Riesci a chiudere la finestra? — *Schaffst du es, das Fenster zu schließen?*

provare a *(etwas versuchen)*
Provo a fare l'esercizio. — *Ich versuche, die Übung zu machen.*

Verben und Ausdrücke, die den Infinitiv mit ***di*** anschließen:

avere voglia di *(auf etwas Lust haben)*
Hai voglia di venire con me? — *Hast du Lust mit mir zu kommen?*

smettere di *(mit etwas aufhören)*
Smetti di fumare! — *Hör auf zu rauchen!*

finire di *(etwas beenden)*
Finisci di mangiare! — *Iss zu Ende!*

cercare di *(etwas versuchen)*
Cerca di dormire! — *Versuch zu schlafen!*

16 Zahlen und Zahlwörter
oder
Zählen und bezahlen

Wollen wir zuerst zählen oder zahlen? Tja, das eine geht ohne das andere nicht. Deshalb wollen wir uns nun mit den Zahlen beschäftigen.

16.1 Die Grundzahlen
oder ***Eins, zwei, drei ...***

● ***Signor Michele, Lei è ancora così giovane, ma quanti anni ha?***
▲ ***Ho 54 anni.***
● ***54?? Accidenti! Così è nato nel 1946, come mio padre! E quando?***
▲ ***Il 3 marzo.***

● *Herr Michele, Sie sind noch so jung, wie alt sind Sie eigentlich?*
▲ *Ich bin 54.*
● *54?? Nicht schlecht! Dann sind Sie 1946 geboren, wie mein Vater! Und wann?*
▲ *Am 3. März.*

Also 54 ist unser Carabiniere und genauso alt wie der Vater der jungen Dame … Wenn Sie Ihr Alter auch angeben möchten, dann sollten Sie jetzt die Grundzahlen lernen:

0	*zero*	**11**	*undici*	**22**	*ventidue*
1	*uno*	**12**	*dodici*	**23**	*ventitré*
2	*due*	**13**	*tredici*	**24**	*ventiquattro*
3	*tre*	**14**	*quattordici*	**25**	*venticinque*
4	*quattro*	**15**	*quindici*	**26**	*ventisei*
5	*cinque*	**16**	*sedici*	**27**	*ventisette*
6	*sei*	**17**	*diciassette*	**28**	*ventotto*
7	*sette*	**18**	*diciotto*	**29**	*ventinove*
8	*otto*	**19**	*diciannove*	**30**	*trenta*
9	*nove*	**20**	*venti*		
10	*dieci*	**21**	*ventuno*		

I D Und so weiter und so fort … Anders als im Deutschen werden die Zahlen im Italienischen so gesprochen bzw. ausgeschrieben, wie sie als Ziffern erscheinen. Also: 21 = ***venti*** und ***uno*** → ***ventuno***, 22 = ***venti*** und ***due*** → ***ventidue*** usw. Vor ***uno*** und ***otto*** entfällt der letzte Buchstabe der ersten Zahl: ***trentuno, trentotto***

Und so geht es weiter:

30	*trenta*	**60**	*sessanta*	**90**	*novanta*
40	*quaranta*	**70**	*settanta*	**100**	*cento*
50	*cinquanta*	**80**	*ottanta*		

… und noch weiter:

1 000	*mill**e***
1 945	*millenovecentoquarantacinque*
2 000	*duemil**a***
3 000	*tremil**a***
10 000	*diecimil**a***
1 000 000	*un milion**e***
2 000 000	*due milion**i***
1 000 000 000	*un miliardo*

Die Jahreszahlen werden ebenfalls so gesprochen, wie sie als Ziffern erscheinen:
Es heißt also z. B.: 1969 = ***millenovecentosessantanove.***

Bei der Datumsangabe verwendet man im Italienischen ebenfalls die Grundzahlen:

Sono nato/a il quattro aprile.	*Ich bin am vierten April geboren.*

Eine Ausnahme bildet hier allerdings der Erste des Monats. Hier verwendet man nämlich die Ordnungszahl ***primo***:

Sono nato/a il primo giugno.	*Ich bin am ersten Juni geboren.*

16.2 Die Ordnungszahlen oder *Der Erste, der Zweite, der Dritte*

Allora, voi prendete la prima strada a destra, poi la terza a sinistra, poi la quarta a destra e poi ...
Also, Sie nehmen die erste Straße rechts, dann die dritte links, dann die vierte rechts und dann ...

Ob die zwei Touristen den Weg wirklich finden werden, wissen wir nicht, aber wir können schon mal üben, falls Sie einmal auf unseren Carabiniere treffen sollten:

1. *primo*	**6.** *sesto*	**11.** *undicesimo*	**16.** *sedicesimo*
2. *secondo*	**7.** *settimo*	**12.** *dodicesimo*	**17.** *diciassettesimo*
3. *terzo*	**8.** *ottavo*	**13.** *tredicesimo*	**18.** *diciottesimo*
4. *quarto*	**9.** *nono*	**14.** *quattordicesimo*	**19.** *diciannovesimo*
5. *quinto*	**10.** *decimo*	**15.** *quindicesimo*	**20.** *ventesimo*

In Italien gibt es kaum Wolkenkratzer und die Straßen haben immer Eigennamen, deswegen werden Sie die Ordnungszahlen sicher seltener verwenden als z. B. in Amerika, aber es gibt Situationen, in denen Sie sie brauchen können, hier einige Beispiele:

Il ventunesimo *secolo è appena iniziato.*	*Das einundzwanzigste Jahrhundert hat gerade begonnen.*
È un quadro del ***quattordicesimo*** *secolo.*	*Das ist ein Bild aus dem 14. Jahrhundert.*
Per il mio ***diciottesimo*** *compleanno ho fatto una bellissima festa.*	*Zu meinem 18. Geburtstag habe ich ein wunderschönes Fest gemacht.*

Beachten Sie: Die Ordnungszahlen verhalten sich wie normale Adjektive, d. h. sie richten sich nach dem Substantiv, das sie begleiten:

il mio ***primo*** *compleanno*	*mein erster Geburtstag*
i miei ***primi*** *occhiali*	*meine erste Brille*
la ***prima*** *strada*	*die erste Straße*
le mie ***prime*** *scarpe con il tacco*	*meine ersten Schuhe mit hohem Absatz*

17 Die Wortstellung oder Sätze richtig »bauen«

Ordnung muss sein, auch wenn die Italiener bestimmt nicht dafür bekannt sind! Doch was nützt es, eine Menge Wörter und Ausdrücke zu kennen, wenn sie dann im Satz an die falsche Stelle geraten. Zum Glück gibt es bei der Wortstellung nur wenige Unterschiede zwischen dem Deutschen und dem Italienischen. Die italienische Wortstellung ist vielleicht sogar einfacher, denn sie ist nicht so »streng« und die Satzteile wechseln je nach Betonung oft ihre Position. Wundern Sie sich also nicht, wenn Sie plötzlich einmal auf eine andere Satzkonstruktion stoßen. Hier ist Flexibilität erforderlich …

17.1 Die Wortstellung im Aussagesatz oder *Wir bauen einen Satz*

Die »klassische« italienische Satzstellung ist die gleiche wie im Deutschen:

Subjekt	Verb	Objekt
Gli italiani *Die Italiener*	*amano* *lieben*	*il cellulare.* *das Handy.*

Etwas anders sieht es aus, wenn wir zwei Objekte im Satz haben:

Subjekt	Verb	direktes Objekt	indirektes Objekt
Il postino *Der Postbote*	*dà* *gibt*	*la lettera* *Barbara den Brief.*	*a Barbara.*

Wie Sie sehen, ist die Satzstellung unterschiedlich, denn das direkte Objekt (Akkusativ) steht im Italienischen vor dem indirekten (Dativ). Das gilt auch bei den Pronomen, die vor dem Verb stehen:

Carlo mi presta il libro. *Carlo leiht mir das Buch.*	→ →	***Carlo me lo presta.*** *Carlo leiht es mir.*

I D Versuchen Sie nun, anhand der folgenden Beispiele weitere Unterschiede zwischen dem Deutschen und dem Italienischen herauszufinden:

1 *Ieri Clara ha preparato una cena deliziosa.*	*Gestern hat Clara ein köstliches Abendessen zubereitet.*
2 *Sono arrabbiata perché Marco ha preso la mia vespa.*	*Ich bin sauer, weil Marco meine Vespa genommen hat.*

Sie haben keine gefunden? Nun, dann helfen wir Ihnen:

- Das Italienische kennt keine Inversion, d. h. wird dem Subjekt ein anderes Satzglied vorangestellt, werden Subjekt und Prädikat – anders als im Deutschen – nicht umgestellt (**1**).
- Anders als im Deutschen werden Hilfsverb und Partizip nicht getrennt (**1**).
- Die Wortstellung ist im Haupt- und Nebensatz gleich (Subjekt – Verb – Objekt), d. h. das Verb steht im Nebensatz nicht wie im Deutschen am Ende (**2**).

17.2 Die Wortstellung im Fragesatz oder *Wie bauen wir den Satz?*

Hoffentlich haben Sie etwas verstanden! Nun, die Wortstellung im Fragesatz ist relativ einfach. Es gibt hier drei Möglichkeiten:

1. Verb – Subjekt – Objekt:

Hai capito (tu) la spiegazione?	*Hast du die Erklärung verstanden?*

Das Subjekt (hier ***tu***) wird meist weggelassen, es sei denn man möchte es hervorheben:

*Hai capito **tu** la spiegazione.*	*Hast (wenigstens) du die Erklärung verstanden?*

2. Subjekt – Verb – Objekt:

Tu hai capito la spiegazione?

Um hier unterscheiden zu können, ob es sich um einen Aussage- oder einen Fragesatz handelt, kommt es auf die Satzmelodie an. Also hoch mit der Stimme bei Fragen, und das immer, egal was für eine Konstruktion Sie nehmen.

3. Fragewort – Verb – Objekt

Chi ha preso il mio dischetto?	*Wer hat meine Diskette genommen?*

Nach einem Fragewort ***(Chi? Che cosa? Quando?)*** folgt immer das Verb.

18 Die Verneinung
oder
Ablehnen, widersprechen

Nein, das ist nicht wahr, ich habe nicht viel getrunken!

Nein, die Verneinung ist im Italienischen wirklich nicht schwierig! Auch wenn Sie es vielleicht **nicht** glauben: Sie stellen nur ein ***non*** vor das Verb und schon haben Sie Ihr »Nein-Wort« gesprochen ...

Non vengo con te!	*Ich komme nicht mit dir!*
Non mangio la carne!	*Ich esse kein Fleisch!*

I D Wie schon gesagt, die Verneinung ist wirklich ein Kinderspiel, denn anders als im Deutschen mit seinen *nicht* und *kein* gibt es im Italienischen nur eine Form der Verneinung, nämlich das ***non***.

Bei zusammengesetzten Verben (Hilfsverb + Partizip) steht das ***non*** vor dem Hilfsverb (Satz 1) bzw. vor dem Pronomen (Satz 2):

Oggi non ho lavorato.	*Heute habe ich nicht gearbeitet.*
Il film non mi è piaciuto!	*Der Film hat mir nicht gefallen!*

ÜBUNG 30 **Setzen Sie die folgenden Sätze in die Verneinungsform.**

1. *Carlo è stato a Parigi.*

___

2. *Luigi mi ha chiamato.*

___

3. *I bambini vanno a scuola.*

___

4. *Dovresti restare a casa.*

___

5. *Sei uscita con le amiche?*

___

18.1 Die doppelte Verneinung oder *Bitte nicht Neinsagen!*

Gut, du hast also niemanden gesehen, du hast nichts gemacht und du hast wohl auch nie Bananen gegessen!

I D Sicher ist Ihnen aufgefallen, dass unser Carabiniere immer eine doppelte Verneinung verwendet, während im Deutschen die einfache Verneinung ausreicht:

non hai visto **nessuno**	*du hast niemanden gesehen*
non hai fatto **niente**	*du hast nichts gemacht*
non hai mangiato **mai**	*du hast nie(mals) gegessen*

Niente/nulla (nichts), ***nessuno*** (niemand), ***mai*** (nie, niemals) und ***neanche*** (nicht einmal) ziehen im Italienischen immer die doppelte Verneinung nach sich.

! Stehen sie allerdings vor dem Verb, fällt das ***non*** weg:

Nessuno mi chiama!	*Niemand ruft mich an!*

19 Die Konjunktionen

Und, weil, denn & Co.

oder

Ähnlich wie die Präpositionen dienen auch die Konjunktionen dazu, Wörter, Satzteile oder ganze Sätze wie »Schrauben« miteinander zu verbinden. Denken wir z. B. an die Konjunktionen ***e*** (und) oder ***o*** (oder). Andere hingegen dienen dazu, einen Gegensatz auszudrücken oder anzugeben, wann, warum oder wie etwas passiert.

Es wäre unmöglich, an dieser Stelle sämtliche Konjunktionen zu behandeln. Deshalb möchten wir uns auf die wichtigsten beschränken. Versuchen Sie aber, beim Lesen italienischer Texte auf die Konjunktionen zu achten und sich dabei zu überlegen, welche Funktion sie im Satz erfüllen. Denn nur wenn Sie die Funktion Ihres »Werkzeugs« kennen, können Sie es richtig gebrauchen.

Hier die wichtigsten Konjunktionen im Überblick:

Konjunktionen, die zwei gleichartige Sätze oder Satzteile miteinander verbinden:

e	*und*	*Alla festa c'erano anche Maria **e** Silvia.* *Auf dem Fest waren auch Maria und Silvia.*
o/oppure	*oder*	*Vuoi un caffè **o/oppure** un tè?* *Möchtest du einen Kaffee oder einen Tee?*
ma/però	*aber*	*La camicia è bella, **ma/però** è troppo cara.* *Das Hemd ist schön, aber es ist zu teuer.*
quindi	*also*	*Sono stanco, **quindi** vado a letto.* *Ich bin müde, also gehe ich ins Bett.*

Konjunktionen, die einen Nebensatz einleiten und

- ein **zeitliches Verhältnis** ausdrücken:

quando	*wenn, als*	***Quando*** *esco ti chiamo.* *Wenn ich weggehe, rufe ich dich an.* ***Quando*** *ero piccola non mangiavo il pesce.* *Als ich klein war, habe ich keinen Fisch gegessen.*
prima che (+ Konjunktiv)	*bevor*	***Prima che*** *arrivi chiamami!* *Ruf mich an, bevor du kommst!*
dopo che	*nachdem*	***Dopo che*** *hai mangiato lava i piatti!* *Nachdem du gegessen hast, mach den Abwasch!*

- den **Grund** bezeichnen:

perché	*weil*	*Non mangio* ***perché*** *sono a dieta.* *Ich esse nichts, weil ich eine Diät mache.*
poiché/ siccome	*da*	***Poiché/Siccome*** *piove resto a casa.* *Da es regnet, bleibe ich zu Hause.*

! ***Perché, poiché*** und ***siccome*** haben im Grunde die gleiche Bedeutung, lediglich die Stellung im Satz ist eine andere:

GRUND	FOLGE
Siccome/Poiché *piove*	*resto a casa.*
FOLGE	GRUND
Resto a casa	***perché*** *piove.*

- eine **Bedingung** (***se***) (siehe auch: 11 Der Bedingungssatz) bzw. eine **Einschränkung** (***anche se***, ***nonostante***) ausdrücken:

se	*wenn*	***Se*** *hai fame mangia qualcosa.* *Wenn du Hunger hast, iss etwas.*
anche se	*auch wenn*	*Vengo* ***anche se*** *tu non vuoi.* *Ich komme, auch wenn du dagegen bist.*
nonostante (+ Konjunktiv)	*obwohl*	*Viene* ***nonostante*** *non sia stato invitato.* *Er kommt, obwohl er nicht eingeladen wurde.*

- einen **Zweck** bezeichnen:

perché/ affinché (+ Konjunktiv)	*damit*	*Non glielo dico,* ***perché*** *non si preoccupi.* *Ich erzähle es ihr/ihm nicht, damit sie/er sich keine Sorgen macht.*

! Beachten Sie, dass einige Konjunktionen mit dem Konjunktiv stehen!

Tabelle der wichtigsten unregelmäßigen Verben

	Präsens	Perfekt	Pass. rem.	Futur
andare gehen/ fahren	***vado, vai, va,*** *andiamo, andate,* ***vanno***	*sono andato*	*andai*	***andrò, and*** ***andrà***
bere trinken	***bevo, bevi, beve, beviamo, bevete, bevono***	*ho* ***bevuto***	***bevvi***	***berrò***
chiedere fragen	*chiedo*	*ho* ***chiesto***	***chiesi***	*chiederò*
chiudere schließen	*chiudo*	*ho* ***chiuso***	***chiusi***	*chiuderò*
conoscere kennen lernen	*conosco*	*ho* ***conosciuto***	***conobbi***	*conoscerò*
correre laufen	*corro*	*ho* ***corso***	***corsi***	*correrò*
crescere wachsen	*cresco*	*sono* ***cresciuto***	***crebbi***	*crescerò*
dare geben	*do,* ***dai, dà,*** *diamo, date,* ***danno***	*ho* ***dato***	***diedi***	***darò***
decidere entscheiden	*decido*	*ho* ***deciso***	***decisi***	*deciderò*
dire sagen	***dico, dici, dice, diciamo, dite, dicono***	*ho* ***detto***	***dissi***	*dirò*

Imperativ	Kond.	Konj. Präsens	Konj. Imperfekt
va', vada	***andrei***	***vada***	*andassi*
bevi, beva	***berrei***	***beva***	***bevessi***
chiedi	*chiederei*	*chieda*	*chiedessi*
chiudi	*chiuderei*	*chiuda*	*chiudessi*
conosci	*conoscerei*	*conosca*	*conoscessi*
corri	*correrei*	*corra*	*corressi*
cresci	*crescerei*	*cresca*	*crescessi*
da', dia	***darei***	***dia***	***dessi***
decidi	*deciderei*	*decida*	*decidessi*
di', dica	*direi*	***dica***	***dicessi***

	Präsens	Perfekt	Pass. rem.	Futur
dovere müssen, sollen	***devo, devi, deve, dobbiamo, dovete, devono***	*ho dovuto*	*dovei (dovetti)*	***dovrò***
fare machen, tun	***faccio, fai, fa, facciamo, fate, fanno***	*ho* ***fatto***	***feci***	***farò***
mettere setzen, legen	*metto*	*ho* ***messo***	***misi***	*metterò*
morire sterben	***muoio, muori, muore, muoriamo, morite, muoiono***	*sono* ***morto***	***morii***	*morirò*
muovere bewegen	*muovo*	*ho* ***mosso***	***mossi***	*muoverò*
nascere geboren werden	*nasco*	*sono* ***nato***	***nacqui***	*nascerò*
nascondere verstecken	*nascondo*	*ho* ***nascosto***	***nascosi***	*nasconder…*
perdere verlieren	*perdo*	*ho* ***perso***	***persi***	*perderò*
piacere gefallen	***piaccio****, piaci, piace,* ***piacciamo****, piacete,* ***piacciono***	*sono* ***piaciuto***	***piacqui***	*piacerò*

Imperativ	Kond.	Konj. Präsens	Konj. Imperfekt
–	***dovrei***	***debba***	***dovessi***
fa', faccia	***farei***	***faccia***	***facessi***
metti	*metterei*	*metta*	*mettessi*
muori, muoia	*morirei*	*muoia*	*morissi*
muovi	*muoverei*	*muova*	*muovessi*
nasci	*nascerei*	*nasca*	*nascessi*
nascondi	*nasconderei*	*nasconda*	*nascondessi*
perdi	*perderei*	*perda*	*perdessi*
–	*piacerei*	***piaccia***	*piacessi*

	Präsens	Perfekt	Pass. rem.	Futur
potere können	***posso, puoi, può, possiamo,*** *potete,* ***possono***	*ho potuto*	*potei*	***potrò***
prendere nehmen	*prendo*	*ho* ***preso***	***presi***	*prenderò*
proporre vorschlagen	***propongo, proponi, propone, proponiamo, proponete, propongono***	*ho* ***proposto***	***proposi***	***proporrò***
ridere lachen	*rido*	*ho* ***riso***	***risi***	*riderò*
rimanere bleiben	***rimango****, rimani, rimane, rimaniamo, rimanete,* ***rimangono***	*sono* ***rimasto***	***rimasi***	***rimarrò***
rispondere antworten	*rispondo*	*ho* ***risposto***	***risposi***	*risponderò*
riuscire gelingen, etwas schaffen	***riesco, riesci, riesce,*** *riusciamo, riuscite,* ***riescono***	*sono* ***riuscito***	*riuscii*	*riuscirò*
rompere brechen	*rompo*	*ho* ***rotto***	***ruppi***	*romperò*

Imperativ	Kond.	Konj. Präsens	Konj. Imperfekt
–	***potrei***	***possa***	*potessi*
prendi	*prenderei*	*prenda*	*prendessi*
proponi, proponga	***proporrei***	***proponga***	***proponessi***
ridi	*riderei*	*rida*	*ridessi*
rimani, ***rimanga***	***rimarrei***	***rimanga***	*rimanessi*
rispondi	*risponderei*	*risponda*	*rispondessi*
riesci, riesca	*riuscirei*	***riesca***	*riuscissi*
rompi	*romperei*	*rompa*	*rompessi*

	Präsens	Perfekt	Pass. rem.	Futur
salire steigen, hinaufgehen	***salgo**, sali, sale, saliamo, salite,* ***salgono***	*sono salito, ho salito*	***salii***	*salirò*
sapere wissen	***so, sai, sa, sappiamo, sapete, sanno***	*ho saputo*	***seppi***	***saprò***
scegliere (aus-) wählen	***scelgo, scegli,** sceglie, scegliamo, scegliete,* ***scelgono***	*ho* ***scelto***	***scelsi***	*sceglierò*
scendere herunter-gehen	*scendo*	*sono* ***sceso**, ho* ***sceso***	***scesi***	*scenderò*
scrivere schreiben	*scrivo*	*ho* ***scritto***	***scrissi***	*scriverò*
sedere sitzen	***siedo, siedi, siede,** sediamo, sedete,* ***siedono***	*sono seduto*	*sedei (sedetti)*	*sederò*
spegnere (aus)löschen	***spengo**, spegni, spegne, spegniamo, spegnete,* ***spengono***	*ho* ***spento***	***spensi***	*spegnerò*
spendere ausgeben	*spendo*	*ho* ***speso***	***spesi***	*spenderò*
stare stehen, sein	*sto,* ***stai**, sta, stiamo, state,* ***stanno***	*sono stato*	***stetti***	***starò***

Imperativ	Kond.	Konj. Präsens	Konj. Imperfekt
sali, ***salga***	*salirei*	***salga***	*salissi*
sappi, sappia, sappiate	***saprei***	***sappia***	*sapessi*
scegli, scelga	*sceglierei*	***scelga***	*scegliessi*
scendi	*scenderei*	*scenda*	*scendessi*
scrivi	*scriverei*	*scriva*	*scrivessi*
siedi, sieda	*sederei*	***sieda***	*sedessi*
spegni, ***spenga***	*spegnerei*	***spenga***	*spegnessi*
spendi	*spenderei*	*spenda*	*spendessi*
sta', stia	***starei***	***stia***	***stessi***

	Präsens	Perfekt	Pass. rem.	Futur
supporre vermuten	***suppongo, supponi, suppone, supponiamo, supponete, suppongono***	*ho* ***supposto***	***supposi***	***supporrò***
tenere halten	***tengo, tieni, tiene,*** *teniamo, tenete,* ***tengono***	*ho tenuto*	***tenni***	***terrò***
togliere wegnehmen	***tolgo,*** *togli, toglie, togliamo, togliete,* ***tolgono***	*ho* ***tolto***	***tolsi***	*toglierò*
trascorrere verbringen	*trascorro*	*ho* ***trascorso***	***trascorsi***	*trascorrerò*
uscire (hin)aus-gehen	***esco, esci, esce,*** *usciamo, uscite,* ***escono***	*sono uscito*	*uscii*	*uscirò*
vedere sehen	*vedo*	*ho* ***visto***	***vidi***	***vedrò***
venire kommen	***vengo, vieni, viene,*** *veniamo, venite,* ***vengono***	*sono* ***venuto***	***venni***	***verrò***
vivere leben	*vivo*	*sono* ***vissuto,*** *ho* ***vissuto***	***vissi***	***vivrò***
volere wollen	***voglio, vuoi, vuole, vogliamo,*** *volete,* ***vogliono***	*ho voluto*	***volli***	***vorrò***

Imperativ	Kond.	Konj. Präsens	Konj. Imperfekt
supponi, supponga	***supporrei***	***supponga***	***supponessi***
tieni, tenga	***terrei***	***tenga***	*tenessi*
togli, tolga	*toglierei*	***tolga***	*togliessi*
trascorri	*trascorrerei*	*trascorra*	*trascorressi*
esci, esca	*uscirei*	***esca***	*uscissi*
vedi	***vedrei***	*veda*	*vedessi*
vieni**, **venga	***verrei***	***venga***	*venissi*
vivi	***vivrei***	*viva*	*vivessi*
–	***vorrei***	***voglia***	*volessi*

Grammatische Fachbegriffe

Adjektiv	Eigenschaftswort
Adverb	Umstandswort
Akkusativ	4. Fall, Wenfall
Aktiv	Tätigkeitsform
Artikel	Geschlechtswort
Dativ	3. Fall, Wemfall
Demonstrativpronomen	hinweisendes Fürwort
feminin	weibliche Form
Futur I	erste Zukunft
Futur II	zweite Zukunft
Genus	grammatikalisches Geschlecht
Gerundium	gebeugte Grundform des Zeitwortes
Imperativ	Befehlsform
Imperfekt	Mitvergangenheit, 1. Vergangenheit
Indefinitpronomen	unbestimmtes Fürwort
Indikativ	Wirklichkeitsform
indirekte Rede	wiedergegebene Rede
Infinitiv	Grundform
Interrogativpronomen	Fragefürwort
intransitiv	Verb ohne Objekt
Komparativ	1. Steigerungsstufe
Konditional	Bedingungsform
Konjugation	Beugung
Konjunktion	Bindewort
Konjunktiv	Möglichkeitsform
maskulin	männliche Form
Modalverb	Zeitwort der Art und Weise
Partizip Perfekt	Mittelwort der Vergangenheit
Passiv	Leideform
Perfekt	Vorgegenwart (= vollendete Vergangenheit)
Personalpronomen	persönliches Fürwort
Plural	Mehrzahl
Plusquamperfekt	Vorvergangenheit
Possessivpronomen	besitzanzeigendes Fürwort

Präposition	Verhältniswort
Präsens	Gegenwart
Pronomen	Fürwort
Reflexivpronomen	rückbezügliches Fürwort
Relativpronomen	bezügliches Fürwort
Singular	Einzahl
Subjekt	Satzgegenstand
Substantiv	Hauptwort
Superlativ	2. Steigerungsstufe
transitiv	Verb mit Akkusativergänzung
Verb	Zeitwort

Lösungen zu den Übungen

Übung 1

Maskulin	**Feminin**
problema	foto
bar	cantante
caffè	crisi
vino	attrice
cantante	radio
studente	amica
libro	tesi
film	chiave
giornale	collega
programma	mano
fratello	
panorama	
collega	

Übung 2

Singular	**Plural**
caffè	caffè
nave	navi
patata	patate
arancia	arance
formaggio	formaggi
crisi	crisi
problema	problemi
amico	amici
banca	banche

Übung 3

lo studente	**lo** zucchero	**lo** spumante
la sorella	**i** formaggi	**il** giornale
le opere	**il** bambino	**le** chiavi
l'amica	**la** mano	**la** signora
gli amici	**gli** spaghetti	**gli** ingegneri

Übung 4
1. Roma è veramente **una** bellissima città.
2. L'italiano non è **una** lingua difficile.
3. Da bere vorrei **uno** spumante e **un'**aranciata.
4. Laura è **un'**amica di Maria.
5. Hai visto? Ho **un** orologio nuovo!
6. Complimenti! Avete **una** casa bellissima.

Übung 5
1. Sì, **li** conosco.
2. Sì, **le** telefono io.
3. Sì, **le** prendo io.
4. **Gli** regaliamo un compact disc.
5. Sì, **la** aiuto io.
6. Sì, **lo** bevo volentieri.

Übung 6
1. Quest'anno vado in vacanza con **mio** marito.
2. **I miei** figli vanno ancora a scuola.
3. Scusa, questo è **il tuo** libro?
4. Questa sera vado a teatro con **i miei** amici Carlo e Laura.
5. Ecco Teresa con **sua** figlia Caterina.

Übung 7
1. **Dove** abiti?
2. **Quando** torni?
3. **Perché** non mangi?
4. **Quanti** anni hai?
5. **Che cosa*** prende?
6. **Chi** è quel ragazzo?

Übung 8
1. Caterina è una ragazza simpatic**a** e intelligent**e**.
2. Questi spaghetti sono veramente buon**i**.
3. Ti piacciono le mie scarpe bian**che**?
4. Questi esercizi sono un po' difficil**i**!
5. Gli amici di Luca sono molto simpatic**i**.
6. Le camere sono molto grand**i**.

* auch ***Che prende?*** oder ***Cosa prende?*** ist korrekt

Übung 9

1. Barbara parla molto **bene** il tedesco.
2. In questo ristorante il vino è veramente molto **buono**.
3. In questo locale si mangia veramente **bene**.
4. Non so usare molto **bene** questo programma.
5. Il bambino di Cristina è così **buono**, non piange mai e dorme sempre.

Übung 10

io	**tu**	**lui, lei, Lei**	**noi**	**voi**	**loro**
compro	compri	compra	compriamo	comprate	comprano
sento	senti	sente	sentiamo	sentite	sentono
cerco	cerchi	cerca	cerchiamo	cercate	cercano
scrivo	scrivi	scrive	scriviamo	scrivete	scrivono

Übung 11

1. Il ristorante **è** a 200 metri da qui.
2. In piazza **c'è** una grande festa.
3. A Roma **ci sono** molti turisti.
4. Luca e Paola **sono** in vacanza a Capri.
5. Scusi, **è** libero questo posto?
6. Scusi, **ci sono** ancora i cornetti con la marmellata?
7. La mia camera **è** veramente molto bella.

Übung 12

1. Luigi e Maria **sono** italiani, di Roma.
2. Lei **prende** un cappuccino o un caffè?
3. Noi **dobbiamo** lavorare molto.
4. Tu che cosa **fai** domani?
5. Voi **capite** il francese?
6. **Vuoi** una sigaretta?
7. Paola **ha** 36 anni.
8. Noi domenica **giochiamo** a tennis con i Rossi.
9. Franco **preferisce** gli spaghetti al pesto.
10. Mamma, **posso** guardare la tv?

Übung 13

- ● Ciao, sono la mamma, **stai lavorando**?
- ▲ No, no, **sto leggendo** il giornale.
- ● I bambini **stanno dormendo**?
- ▲ No, sono in giardino, **stanno giocando**.
- ● E Mario? Che cosa **sta facendo**?
- ▲ **Sta lavando** i piatti.
- ● Ah, che bravo! Tuo padre invece **sta guardando** la tv!

Übung 14

1. L'anno scorso noi **siamo andati/e** in Sicilia.
2. Marco ieri **ha lavorato** fino alle 22.00!
3. Ieri Laura **si è alzata** alle 5.00!
4. Che cosa **avete fatto** l'anno scorso?
5. Leo e Bruno **sono usciti** ieri sera.
6. Il film **è durato** 4 ore.
7. Ieri sera Carla e Caterina **sono andate** al cinema e **hanno visto** un bellissimo film.
8. Ieri **abbiamo camminato** tantissimo, **siamo arrivati/e** a 2.000 metri.
9. Teresa, **hai telefonato** a Mario?
10. I bambini **si sono svegliati** alle 6.00 questa mattina.

Übung 15

1. Maria non ha voluto studiare.
2. Carlo e Lucia hanno dovuto lavorare.
3. Non ho potuto prendere il treno.
4. Siamo dovuti/e restare a casa.
5. Laura non ha potuto telefonare.

Übung 16

1. Ieri quando **sono uscito ho incontrato** Piero.
2. Quando **eravamo** giovani **andavamo** spesso a ballare.
3. Ieri mattina **ha dormito** fino alle 11.00.
4. La settimana scorsa Franco e Martina **sono partiti** per la Sicilia.
5. Mia nonna **era** molto bella, **aveva** i capelli rossi e **suonava** benissimo il violino.
6. Mentre **tornavamo** a casa **abbiamo incontrato** Luigi e Francesca.
7. Stefano **ha studiato** fino alle 17.00 e poi **è andato** dal suo amico Daniele.

Übung 17

1. Il prossimo anno **cercherò** un nuovo lavoro.
2. Franco e Giulia forse **cambieranno** casa.
3. Luca, se non ti sbrighi **perderai** il treno!
4. Ti **scriveremo** una cartolina, va bene?
5. Quanti anni **avrà** Sandra?
6. Domenica forse **andrò** al mare.

Übung 18

1. Io **abiterei** volentieri in centro.
2. Mi **daresti** una sigaretta, per piacere?
3. Signor Merli, mi **farebbe** un favore?
4. Oggi **dormirei** fino alle 11.00, ma non posso.
5. Io **vorrei** una birra fredda.
6. **Preferiresti** andare al mare o in montagna?
7. Al posto tuo **chiamerei** il dottore.
8. Bambini, non **dovreste** mangiare tutte quelle patatine!

Übung 19

1. Marco, **apri** la finestra, per favore!
2. Signora Marini, **legga** questo libro, è bellissimo!
3. Luisa, **da'** questo pullover a Stefania, per piacere!
4. Paolo, **scrivi** una cartolina a tua sorella!
5. Dottor Papini, mi **aspetti** nel mio ufficio!
6. Per favore, Marta, **chiudi** la porta!

Übung 20

	tu	Lei	voi
comprare il giornale	**compralo**	**lo compri**	**compratelo**
non guardare la tv	**non guardarla** [1]	**non la guardi**	**non la guardate** [3]
leggere il libro	**leggilo**	**lo legga**	**leggetelo**
chiamare il medico	**chiamalo**	**lo chiami**	**chiamatelo**
non alzarsi	**non alzarti** [2]	**non si alzi**	**non alzatevi** [4]

[1] oder auch: ***non la guardare***
[2] oder auch: ***non ti alzare***
[3] oder auch: ***non guardatela***
[4] oder auch: ***non vi alzate***

Übung 21

1. Credo che Laura **arrivi tardi**.
2. Penso che la signora Evergreen **sia inglese**.
3. Credo che i bambini **non vadano ancora a scuola**.
4. Penso che tu **sia stanco**.
5. Credo che voi **lavoriate troppo**.

Übung 22

1. Se Marco studiasse di più supererebbe l'esame.
2. Se i bambini andassero a letto prima non sarebbero così stanchi.
3. Se tu arrivassi in tempo noi potremmo andare a teatro.
4. Se voi aveste più soldi potreste comprare una macchina nuova.

Übung 23

1. Se non mi fossi alzato tardi avrei fatto colazione.
2. Se la macchina non si fosse rotta sarei partito.
3. Se il bambino non fosse stato male saremmo andati al mare.
4. Se non fossi stata stanca sarei uscita.

Übung 24

1. Marco ha detto che lavorava fino alle 20.00.
2. Luisa mi ha domandato se sarei andato al cinema.
3. Barbara mi ha detto che l'anno scorso aveva fatto un corso di tedesco.
4. Paolo dice che stasera esce con i suoi amici.

Übung 25

1. A tutti i dipendenti **è stato dato** un indirizzo di posta elettronica.
2. La gita a Firenze **sarà/verrà organizzata** da Marco.
3. La festa per i bambini **è/viene organizzata** da Caterina.
4. Quando sono arrivato la bicicletta **era già stata presa**.

Übung 26

1. In questo negozio si **parla** anche l'inglese.
2. A Napoli si **mangia** la pizza migliore.
3. I biglietti si **comprano** in edicola.
4. A Bolzano si **parlano** due lingue: l'italiano e il tedesco.

Übung 27
1. Domani andiamo **a** Milano.
2. Franco è **in** ufficio.
3. Stasera andiamo **al** cinema, vuoi venire?
4. Quest'anno andiamo **in** Piemonte.
5. Sei già stata **in** Austria?
6. Volete venire **in** montagna domenica?
7. Vuoi andare **al** mare o **in** campagna?
8. Domenica vado **da** Luigi e Gabriella.

Übung 28
1. **Fra/Tra** due settimane.
2. Due ore **fa**.
3. **Fra / Tra** una settimana.
4. **In** autunno.
5. **Da** quattro anni.

Übung 29
1. Il cinema è di fronte **all'**opera.
2. Ti aspetto davanti **alla** banca.
3. Devo andare **dal** dottore.
4. Buongiorno, vorrei **delle** patate.
5. Il mio ufficio è accanto **ai** giardini.
6. Il tuo telefonino è **nel** cassetto.
7. Domani lavoro fino **alle** nove.
8. Devo comprare ancora **dei** pomodori.

Übung 30
1. Carlo non è stato a Parigi.
2. Luigi non mi ha chiamato.
3. I bambini non vanno a scuola.
4. Non dovresti restare a casa.
5. Non sei uscita con le amiche?

Register